민주적 공공성

publicness

하버마스와 아렌트를 넘어서

민주적 공공성
publicness

하버마스와 아렌트를 넘어서

사이토 준이치 지음

윤대석 · 류수연 · 윤미란 옮김

이음

민주적 공공성

하버마스와 아렌트를 넘어서

초판 발행   2009년 4월 17일
4쇄 발행   2024년 7월 1일

지은이   사이토 준이치
옮긴이   윤대석 · 류수연 · 윤미란
펴낸이   주일우
북디자인   조혁준 · 김윤미

펴낸곳   이음
등록일자   2005년 6월 27일
등록번호   제2005-000137호
주소   서울 마포구 월드컵북로 1길 52 3층
전화   (02)3141-6126
팩스   (02)6455-4207
전자우편   editor@eumbooks.com
홈페이지   www.eumbooks.com

한국어판 저작권 © 이음, 2018
ISBN 978-89-93166-18-7 93300

일본 사회에서 십여 년 전까지 '공공성'은 시민들이 적극적으로 사용하는 말이 아니었습니다. 그것은 오히려 시민의 권리 주장이나 이의 제기를 거부하기 위하여 국가가 사용하는 말, 즉 관제용어였습니다. 그러나 최근에는 '공공성' 혹은 '공공권'(公共圈)이라는 제목을 단 책들이 잇달아 출판되고, 도쿄대학·주오대학·가쿠슈인대학 등 몇 개의 대학과 대학원 과정에 '공공철학' 강좌가 개설되었습니다(저도 와세다대학 정치경제학술원에서 '공공철학'을 담당하고 있습니다). 한국 사회는 어떠한지 궁금합니다.

국가는 '공공성'을 독점할 수 없으며 공공성을 떠맡은 일개 행위자에 불과하다는 인식이 널리 퍼져 있음을 이러한 변화가 보여줍니다. 그렇지만 한편으로, 공공적이라고 부를 수 있는 이익이나 가치가 무엇인가를 정의하거나 재정의하는 것은 시민(일본 국적자만을 가리키는 것은 아닙니다) 상호의 의견형성─의사형성의 과정인데, 그런 의미에서 공공성의 해석 자체가 공론에 의존하고 있다는 인식이 충분히 정착되었다고는 말하기 어렵습니다.

최근 일본 사회에서는 계층 간 격차가 확대되고 '근로빈곤층'(Working

Poor)을 비롯한 빈곤층이 형성되고 있는 현상에 사람들의 관심이 집중되고 있습니다. 신자유주의적인 '구조개혁'이 남긴 부(負)의 유산입니다. 센(Amartya Sen)의 말을 빌려 빈곤을 '박탈'로 정의한다면 그 '박탈' 가운데 가장 중대한 것은 인간관계의 박탈입니다. 물론 예외도 있지만, 가난한 사람들은 고립 상태에 놓여져 정치적인 힘을 박탈당했습니다. 다른 한편으로 정규직의 은혜를 입고 있는 계층도, 인원 삭감에 따른 노동 강도의 강화로 사생활의 안전과 안심을 확보하기에 급급하여 공공적인 문제에 관심을 가질 만한 여력이 없는 실정입니다. 사회 현상에 대한 풀 길 없는 불만과 울분을 가지고 있으면서도 어떤 방향으로 사회를 바로 세워야 할 것인지에 대해 시간을 가지고 생각하고 논의하는 조건이 희박해진 것이 현재의 상황입니다. 이러한 상황은 공공의 논의에 기반한 민주적인 의사 형성이 아니라 포퓰리즘이나 내셔널리즘의 대두를 초래하기 쉽다는 데에 커다란 문제가 있습니다.

일본에서 공공성은 정치문화에 뿌리 깊게 정착되어 있다고 말할 수 없을 뿐만 아니라, 공공의 논의도 활발하다고는 말하기 어렵습니다. 그러나 그것은 우리가 정치 과정을 더욱 민주화하려 한다면 결코 방기해서는 안 되는 것입니다. 공공성은 '민주적 정통성'(democratic legitimacy) 및 '민주적 통제'(democratic control)라는 두 가지 측면에서 민주주의와 관련되어 있습니다.

우선 '민주적 정통성'에 대해서 말하면, 정치적인 의사결정에 의해 영향을 받는다고 생각되는 모든 관계자(이미 그것은 국민만을 가리키지 않습니다)가 의사형성 과정에서 배제되지 않는(비배제성이라는 의미에서의 공개성이 확립되어 있습니다) 것이 그 의사결정이 정통성을 얻기 위한 첫째 조건입니다. 민주적 정통성의 둘째 조건은 공공적 이유(public reason)에 의한 정당화입니다. 공공성은 사람들에게 이유를 들어 자신들의 주장을 정당화할 것을 요구합니다. 실제로는 사적 이익이나 자기가 부여한 가치를 추구하려는 것에 지나지 않는다 해도, 그것이 규범적으로 (더욱) 타당한 이유를 이해관계나 가치관을 달리하는 타자에게 제시하도록 요청하는 것입니다. 다문화 사회에서 그 이유는 경합하고 대립하는 이해관계와 이질적인 가치관을 가진 타자가 이해하고 받아들일 수 있는 공공적인(사적으로만 타당한 것이 아닌) 이유이어야 합니다.

민주적인 의사형성−의사결정의 과정에서 조직적인 배제가 없는, 나아가 의사결정이 공공적 이유에 의해 지지되는 경우에야 비로소 그 내용에 여전히 이견을 가진 소수자도 그 의사결정을 정통적인(legitim) 것으로서 수용할 수 있습니다. 공공의 논의는 개별적 의사결정의 민주적인 정통화에 관여할 뿐만 아니라 그것을 통해 정치문화의 재형성에도 관여하고 있습니다. 이유의 검토를 통하여 사람들 모두가 규범적으로 타당하다고 생각하는 여러 이유(규범적 타당성의 근거)가 정치문화에 축적되어갑니다.

다른 한편 '민주적 통제'는 국가의 활동(공권력의 행사)이 공공적인 의사형성−의사결정에 따르고 있는지를 시민이 감시하는 활동을 의미합니다. '조작적 공개성'과 대비되는 '비판적 공개성'이라는 의미에서의 공공성의 기능입니다. 국가에 의한 권력 남용을 제어하는 공공성은 정보의 공개를 당연한 것으로 요구하고 그것에 기반하여 정부에 설명책임(accountability)을 요구합니다.

현대의 통치가 국가에 의한 일원적·직접적인 통치가 아니라 개인이나 집단의 '자기통치'에 대한 감사(監査, audit)를 통하여 간접적으로 권력을 행사하는 방향으로 행해지고 있음을 고려한다면, '감사를 감사한다'라는 민주적 통제를 시민이 어떻게 확립할 수 있는가가 문제입니다. '능동적 시민성'(active citizenship)(시민사회에 활력을 불어넣어 그것을 이용하려는 정책)의 노선에 따라, 형무소의 운영 일부가 민간에 위탁되는 등 일본에서도 공무의 민영화가 진행되고 있고, 또한 지역 커뮤니티에서 자치의 활성화가 좋든 나쁘든 중요시되고 있습니다. 시민에 의한 민주적 통제는 국가뿐만이 아니라 반관반민(半官半民) 조직이나 커뮤니티, 나아가서는 유력한 경제 단체에도 파급되어갈 필요가 있을 것입니다.

다행히도 저는 최근 몇 년 동안 한국의 정치사상 연구자들과 대화할 기회를 가질 수 있었습니다(한국과 일본의 정치사상학회 학술교류 프로그램이 2006년에는 서울대학교에서, 2007년에는 와세다대학에서 개최되었습니다). 거기서 알게 된 것은, 역사적인 맥락의 차이는 있지만, 계층 간 격차의 심화, 사회보장의 빈약함, 여전히 지속되는 젠더 간의 불평등, 지역의 황폐화, 민주화의 불철저함 등 많은 공통의 문제를 안고 있다는 것, 그리고 그 공통의 문제에 대해 의견을 교환하고 서로의 경험이나 비전을 배우기 위한 기반을 공유하고 있다는 사실이었습니다. 말할 것도 없이 식민지 지배에 대한 역사인식을 올바르고 깊게 가지는 것은 여전히 일본의 연구자나 시민에게 중요한 과제이지만, 그것과 더불어 한국과 일본 사회를 더욱 민주적이고 더욱 공정한 사회로 만들어가기 위해서 우리들이 상호성 있는 공공의 논의를 앞으로 어떻게 구축해갈 수 있는가가 문제라고 생각합니다. 공공성은 닫힌 동일성(identity)이 아니라 열린 상호성을 기반으로 하는 것이고, 의견형성─의사형성과 관계된 비공식(informal)적인 공공권에서는 원래 경계(국경) 따윈 존재하지 않습니다. 앞으로 이 책의 출판이, 자신이 속한 조직(국가를 포함해)의 이해(利害)에 얽매이지 않고, 칸트가 말한 의미에서 이성을 공공적으로 사용해가는 데 일조할 수 있다면 더할 나위 없이 기쁘겠습니다.

　마지막으로 바쁜 와중에도 불구하고 번역을 해주신 명지대학교의 윤대석 선생님과 인하대학교의 윤미란·류수연 선생님께도 진심으로 감사

를 드리며, 아울러 이 책의 출판을 맡아주신 ㈜도서출판 이음에도 감사의
뜻을 전하고 싶습니다.

2008년 9월 28일

사이토 준이치

| **차례** |

일러두기

1. 일본어 원전에는 본문에 인용주가 달려 있을 뿐이고 각주 형식의 설명 주는 없다. 각주로 표기된 설명 주는 모두 옮긴이 주이다.

2. 인용된 문헌 가운데 한국어 번역이 있는 경우에는 그에 따랐다. 그러나 용어 사용 등에서 본문과 통일할 필요가 있을 경우에는 한국어 번역을 임의로 수정하였다.

3. 윗점으로 표시돼 있던 원서의 강조는 고딕체로 바꾸었다.

'공공성'이라는 테마로 이 책은 어떠한 문제를 제기하려는 것인가? 한나 아렌트의 말을 인용하면서 문제가 무엇인가를 스케치하는 것으로 시작하고자 한다.

> 자유가 출현했다는 것은 [……] 그들이 '도전자'가 되고 자기 삶의 이니셔티브(initiative)[1]를 쥐게 된 결과, 부지불식간에 자신들 사이에 자유가 출현할 수 있는 공공적 공간(public space)을 창조하기 시작했기 때문이다. "우리가 함께 먹는 식사 때마다 자유도 합석하도록 초대를 받는다. 비록 의자는 빈 채로 있지만 자리만큼은 마련되어 있다." (한나 아렌트, 서유경 옮김, 『과거와 미래 사이』, 푸른숲, 2005, p. 11)

이 글은 '공공적 공간'(public space)을 두 개의 정치적 가치와 관련짓고 있다. 하나는 '자유'(freedom)이다. 아렌트에게 이 말은 억압으로부터 해

----

1 이니셔티브(initiative)에는 '시작'이라는 의미와 '주도권'이라는 의미가 함께 있다. 그에 맞는 번역어가 없어서 발음대로 읽었다.

방되어 있는 것(liberty) 이상의 무언가를 가리키고 있다. 그것은 '이니셔티브', 즉 무언가를 새롭게 시작하는 것이다. 공공적 공간은 그러한 시작으로서의 자유가 말이나 행위라는 모습을 띠고 우리 앞에 나타나는 공간이다. 또 하나의 정치적 가치는 '배제에 대한 저항'이다. "의자는 빈 채로 있지만 자리만큼은 마련되어 있다"(The chair remains vacant, but the place is set)라고 말했던 것은 제2차 세계대전 당시, 대독 레지스탕스 활동에 참여했던 프랑스 시인 르네 샤르(René Char)였다. 마련되어 있는 '자리'란 당신의 자유를 위한 '장소'를 말한다. 공공적 공간은 모든 사람들의 '자리' = '장소'가 마련되어 있는 공간이다.

그렇다면 공공적 공간이 없는 상태란 어떠한 것일까? 아렌트는 공공성이 사라진 삶을 '사적'(private)이라는 말로 표현한다.

> 본래 '박탈된'이라는 의미를 가지는 '사적인'이라는 용어는 공공적 영역의 이러한 다양한 의미와 관련되어 있다. 완전히 사적인 생활을 한다는 것은 우선 진정한 인간적 삶을 영위하는 데 본질적인 것이 박탈되었음을 의미한다. 타자에게 보여지고 들려진다는 경험[……]에서 생기는 현실성이 박탈됨을 의미한다. 사적인 삶에서 박탈된 것은 타자의 존재이다. 타자의 시점에서 보면 사적인 삶을 사는 인간은 현상하지 않으며, 따라서 마치 그는 존재하지 않는 것처럼 된다. (한나 아렌트, 이진우·태정호 옮김, 『인간의 조건』, 한길사, 1996, p. 112. [고딕체는 인용자 강조]).

'사적'(private)이란 타자의 존재가 사라졌음을 의미한다. 이 글은 수많은 사람들의 삶으로부터 '타자에게 보여지고 들려지는 경험'을 실제로 박탈한 20세기의 정치적 폭력을 시사하고 있다. 아렌트가 묘사하고 있는 것은 전간기(戰間期)에 '장소를 박탈당한 사람들'(displaced persons)이라고 불린 사람들, 예를 들면 '유대인'이란 집합적 표상의 폭력에 의해 공공적 공간으로부터 '장소'를 박탈당한 사람들이다.

그러나 '장소를 박탈당한 사람들'이 과거의 존재가 된 것은 아니다. 타자의 부재로 인해 어쩔 수 없이 '마치 존재하지 않는 것처럼' 살아갈 수밖에 없는 사람들은 오늘날에도 무수히 많다. 타자로부터의 응답 가능성을 상실한 삶을 아렌트는 '버려짐'(Verlassenheit)이라고 부른다. 버려짐의 상태에 놓인 사람들에게는 '당신의 자리＝장소는 마련되어 있다'는 말은 해당되기 어렵다. 왜냐하면 공공적 공간이 암묵적으로 행사하는 배척의 힘은 버려짐의 상태에서 살아가는 사람들에게 종종 내면화되어버리기 때문이다. 아렌트는 '파리아'(pariah), 즉 공공적 공간으로부터 추방된 사람들의 근본 문제를 다음과 같이 묘사한다.

> 공공적 공간에서 추방된 사람들과 사회의 항쟁은 사회가 추방된 사람들을 적절하게 다루고 있는가 하는 문제와는 관계가 없다. 문제는 단적으로 추방된 사람들(it or he)이 현실적인 존재인가에 있다. 사회가 추방된 사람들에게 줄 수 있는, 그리고 현재 주고 있는 최대의 고통은 그로 하여금 자기 존재의 현실성과 존재의의를 의심하게 하여, 그를 그 자신이 보아도 비실재(non-entity)의 위치로 환원하는 것이다. ("The Jew as Pariah: A Hidden Tradition," in *Jewish Social Studies*, No. 6, 1944, p. 114)

버림받은 사람들의 문제는 그들이 자기 자신의 '존재의의'를 스스로 의심하는 데 있다. '사적'으로 사는 것은 사람들로 하여금 자기 자신의 '현실성'에 의심을 품게 한다. 그것은 자기가 잉여자라는 감각을 불러일으킬 것이다.

버림받음은 [……] 뿌리 뽑힌 잉여자와 밀접하게 관련되어 있다. [……] 뿌리 뽑혔다는 것은 타자가 인정하고 보장하는 장소가 이 세상에 없다는 것을 의미한다. 잉여자란 세상에 전혀 속하지 않음을 의미한다. (한나 아렌트, 이진우 · 박미애 옮김, 『전체주의의 기원』 2, 한길사, 2006, p. 279).

쓸모가 있는가 하는 '공리주의'적인 척도로 가늠하는 한, 이 세계는 '잉여자'로 넘쳐난다. 유용한가, 무용한가? 유능한가, 무능한가? 인간을 가늠하는 이런 판단 기준은 살 가치가 있는가 하는 척도와 종이 한 장 차이에 불과하다. 이러한 냉혹함은 견디기 힘든데, 어딘가에서 그 기준이 느슨해진다고 해도 무용한 자들에게는 이를테면 생존이라는 '은혜'가 부여될 뿐이다. 그것은 "당신의 자리는 마련되어 있다"라는 것과는 무릇 거리가 먼 '자리'이고 적어도 당신의 자유를 위한 장소는 아니다. 아렌트가 관심을 집중하는 것은 어디까지나 자유를 위한(누구도 '행위할 권리'[the right to action], '의견을 피력할 권리'[the right to opinion]를 박탈당하지 않을 정치적인 자유를 위한) 장소이다.

그들은[장소를 박탈당한 사람들: 인용자] 정치적으로는(물론 개인적으로는 그렇지 않지만) 확신을 가질 능력과 행위할 능력을 박탈당했다. 그리고 이러한 능력은 그 자체가 어떤 권리에 의해 보증되지 않는 한 기능할 수 없음이 판명되었다. [……] 모든 권리를 가질 권리는 사람들이 자신의 행위와 의견에 기초해 타자로부터 판단을 받는 관계가 성립하는 시스템 속에서 살아갈 권리를 말한다. (한나 아렌트, 이진우 · 박미애 옮김, 『전체주의의 기원』 1, 한길사, 2006, p. 533)

공공적 공간이란 **자신**의 '행위'와 '의견'에 대하여 응답을 받는 공간이다. 그것은 집합적인 표상이 개개의 '행위'나 '의견'과는 관계없이 투영되는 공간이 아니다. 아렌트는 이 공간을 사람들로부터 빼앗는 모든 힘에 민감하게 반응한다. 그러나 '행위'와 '의견'으로 타자 앞에 나타나는 것을 현실화시키기 위해 사람들은 무엇을 필요로 하는가 하는 물음에 대해서는 그녀의 정치적 감도가 떨어진다. 생명의 필요가('은혜'로서가 아니라) 충족된다는 것은 우리에게 결코 자명하지는 않다.

어쨌든 아렌트가 묘사한 공공적 공간은 인간을 유용성 여부로 판단하는 공간은 아니다. 모든 '공리주의'적 사고는 이 공간 안에서는 효력을 잃는다. 그것은 이용가치가 있는 자, 소유할 수 있는 자의 공간이 아니다. 그것은 공통의 척도로 측정할 수 없는 자, 공약 불가능한 자의 공간이다. 왜냐하면 한 사람 한 사람의 삶은 다른 것으로 환원할 수 없는 '독특한'(unique) 것이기 때문이다.

> 인간이라는 점에서 모두 동일하면서도 어떤 누구도 지금껏 살았고, 현재 살고 있으며, 앞으로 살게 될 다른 누구와도 동일하지 않다. 이 때문에 복수성(plurality)은 인간 행위의 조건인 것이다. (한나 아렌트, 이진우 · 태정호 옮김, 『인간의 조건』, 한길사, 1996, p. 57)

여기서 인용한 몇 가지 글은, 이 책에서 공공성(그것이 우리 삶에서 외재적인 무언가가 아님은 이미 명확해졌을 것이다)을 생각할 때 실마리가 될 터이다. 제1부 「공공성: 이념과 현실」에서는 공공성을 둘러싼 최근의 담론을 개관하면서, 공공성의 조건이란 무엇인가를 명확히 하고자 한다. 공공성의 현실이 어떠한 배제의 힘을 가지고 있는가 하는 물음도 함께 제기할 것이다. 제2부 「공공성의 재정의」에서는 칸트, 하버마스, 아렌트의 공공성론에서 핵심이라고 생각되는 것을 제시하고, 나아가 사회국가나 친밀권이 공공성과 어떠한 관계에 있는가를, 삶/생명의 보장이라고 하는 시점도 가미하여 검토해갈 것이다. 마지막으로 자기 삶/생명의 모든 국면에 공공성이 어떻게 관계하고 있는가를 다시 돌아볼 것이다.

본론으로 들어가기 전에 '공공성'이라는 말에 대해 '용어 해설'을 조금 해보겠다. 다소 도식적인 설명이 되겠지만, 이 말이 줄 애매모호한 인상을 조금이라도 불식시켜두려는 것이다. 일반적으로 '공공성'이란 말이 사용되는 경우, 그것의 중요한 의미는 다음의 세 가지로 크게 구분해볼 수 있지 않을까 생각한다.

첫째, 국가에 관계된 공적인(official) 것이라는 의미. 이 의미에서의 '공공성'은 국가가 법이나 정책과 같은 것을 통해 국민을 대상으로 실시하는 활동을 가리킨다. 가령 공공사업·공공투자·공적자금·공교육·공안(公安) 등의 말은 이 카테고리에 포함된다. 이에 대비되는 것은 민간의 사적 활동이다. 이 의미에서의 '공공성'은 강제·권력·의무라는 울림을 가질 터이다.

둘째, 특정한 누군가가 아니라 모든 사람들과 관계된 공통적인 것(common)이라는 의미. 이 의미에서의 '공공성'은 공통의 이익·재산, 공통적으로 타당한 규범, 공통의 관심사 같은 것을 가리킨다. 공공의 복지, 공익, 공동의 질서, 공공심 같은 말은 이 카테고리에 포함된다. 이 경우와 대비되는 것은 사권, 사리·사익, 사심 등이다. 이 의미에서의 '공공성'은 특정 이해에 치우치지 않는다는 긍정적인 함의를 가지는 반면, 권리의 제한이나 '인내'를 요구하는 집합적인 힘, 개성의 신장을 억누르는 불특정 다수의 압력이라는 의미도 포함한다.

셋째, 누구에게나 열려 있다(open)는 의미. 이 의미에서의 '공공성'은 누구의 접근도 거부하지 않는 공간이나 정보 같은 것을 가리킨다. 공공연함·정보공개·공원 같은 말은 이 카테고리에 포함될 것이다. 이 경우에는 비밀, 프라이버시 같은 것과 대비된다. 이 의미에서의 '공공성'에는 특별히 부정적인 뜻은 없지만, 문제는 열려 있어야 할 것이 닫혀 있다는 데 있을 것이다. 예를 들면, 수도·나무그늘·벤치·공중화장실이 있는 공간은 인간에게, 말하자면 최후의 안전망(safety net)을 의미하지만, 그것마저도 빼앗아 공원을 닫힌 공간으로 만들려는 움직임이 있다는 것은 익히 알려져 있는 바다.[2]

홍미로운 것은 앞에서 거론한 세 가지 의미의 '공공성'이 서로 항쟁하는 관계에 있기도 하다는 점이다. 예를 들면 국가의 행정 활동으로서의 '공공사업'은 실질적인 '공공성'(publicness, 공익성)이라는 측면에서 현재 비판당하고 있고, 국가 활동이 항상 '공개성'(openness)을 거부하려는 경향을 강하게 가진다는 사실은 새삼스럽게 지적할 필요도 없을 것이다. 특히 관심을 끄는 것은 '공통된 것'과 '닫혀 있지 않은 것'이란 두 가지 의미 사이의 항쟁이다. 양자를 동일한 평면에 놓으면, '공통된 것'은 대부분의 경우 '공공성'을 일정 범위로 제한하지 않을 수 없기 때문에, '닫혀 있지 않은 것'과 충돌할 수밖에 없는 측면을 가진다.

여기에서 '공공성'이란 말을 둘러싼 또 하나의 문제도 언급하고자 한다. 저널리즘이나 아카데믹한 담론에 최근 자주 등장하는 '공공성' 혹은 그것과 유사한 용어, 즉 '공공(적)공간', '공공(적)영역', '공공권'(公共圈), 또 '공개성'이란 말은 서로 어떻게 다른가 하는 문제이다. 논자 각자의 기호가 달라서 이것을 말끔히 정리하기는 어렵지만, 다음 두 가지 차원을 구

---

2 한국에서는 노숙자라고 부르는 '홈리스'(Homeless)를 일본의 지방자치단체가 공원 같은 공공적 공간에서 몰아내기 위해 누구나 사용할 수 있는 벤치·화장실 등을 사용하지 못하도록 봉쇄한 조치를 취한 것을 두고 한 말이다. 한국에서도 공공적 공간인 기차역에서 노숙자를 몰아내려는 시도가 있음을 우리는 잘 알고 있다.

별하는 것은 가능하다. 첫째는, 복수형으로 다룰 수 있는 '공공'이다. 이 것은 일정한 사람들 사이에 형성되는 논의의 공간을 가리키는 것으로, 이 책에서는 '공공권'이란 말을 이 의미로 사용한다(영어에서는 'publics', 독 일어에서는 'Öffentlichkeiten'). 또 한 가지는 단수형으로 표현되는 것으로, 이 책에서는 주로 '공공적 공간'이라는 말을 사용한다(영어에서는 'public space'내지는 'public sphere', 독일어에서는 'Öffentlichkeit'). 이것은 다양한 '공공권'이 미디어(출판미디어·전파미디어·전자미디어 등)를 통해 서로 관계 맺는 담론 네트워킹의 총체를 가리킨다. '공공권'이 특정한 사람들 사이의 담론 공간이라면 '공공적 공간(영역)'은 불특정다수에 의해 짜여 진 담론의 공간이다. 찰스 테일러(Charles Taylor)의 표현을 사용하자면, '공공권'은 '특정한 장소를 가진'(topical) 공간, '공공적 공간'은 '특정한 장소를 넘어선'(metatopical) 공간이라고 바꾸어 부를 수도 있다(Charles Taylor, "Liberal Politics and the Public Sphere" in *Philosophical Arguments*, Harvard U. Pr., 1995, p. 263).

'공개성'이란 말은 논의 과정이나 정보가 외부에 열려 있다는 한정된 의미로 사용한다. 여기에 해당하는 영어 'publicity'는 그대로 '퍼블리시 티'란 일본어가 되기도 하지만, 그것은 '퍼블리시티를 높인다'(지명도를 높인다)는 것처럼 사용되는, 마케팅이나 광고의 전략적 용어이기도 하기 때문에, 열려 있음의 비판적 의미를 중시하는 이 책에서는 사용하지 않는 다. '공공성'이란 말은 규범적인 의미를 담아 사용하지만, 그 규범적 의미 는, 뒤의 서술을 보면 알겠지만, 단일한 차원으로 완결되는 것은 아니다.

제1부   공 공 성:

이 념 과

현 실

제1장
'공공성'의 위치

1. '공공성'을 둘러싼 최근의 담론

일본 사회에서 '공공성'이란 말이 사람들의 입에 회자되기 시작한 것은 그리 오래되지 않았다. 불과 20여 년 전까지 '공공성'이란 말은 많은 사람들에게 부정적인 울림을 가지고 있었던 것이 아닌가 생각한다. '공공성'은 관제용어의 하나였고, 그것이 이야기되는 맥락도 극히 한정되어 있었다. 그것은 철도·도로·발전소·항만 등의 건설을 추진하고자 하는 정부가 '공공사업'에 이의를 제기하는 사람들을 설복하기 위한 말, 혹은 생명·생활의 파괴에 항의하는 권리 주장을 '공공 복지'라는 이름 아래서 기각하며 사람들에게 '인내'를 강요하는 판사의 말이었다. 결국 '공공성'은 공식적인 '공공성'이 전유한 언어이며, '국가의 공공성'마저 문제 삼을 가능성을 내포한 비판적인 언어로는 아직 정착되지 않았다. '멸사봉공'(滅私奉公)이라는 국가 이데올로기가 그렇게 먼 과거의 것이 아니었던 시기에, 국가의 행정활동을 정당화하는 주문(呪文)이었던 공공성이란 말이 의심과 불신에 휩싸이게 된 것은 당연했을 것이다.

'공공성'이란 말이 입장을 달리하는 다양한 논자에 의해서 긍정적인 의미로, 게다가 활발하게 사용되게 된 것은 1990년대 무렵부터였다. 이 말이 긍정적인 의미를 획득하게 된 맥락 중 하나는 국가가 '공공성'을 독점하는 사태에 대한 비판적인 인식의 확산이다. 이미 60년대 말 이후, 공공사업을 포함한 정부의 '공공정책'이 야기한 자연환경이나 생활환경의 파괴에 대해서 주민운동 혹은 시민운동이라는 형태를 띤 항의가 제기되었다. 국가 활동의 '공공성'에 대한 그러한 비판적인 문제의식은 버블 붕괴 후 국가의 재정 파탄이 공공연하게 드러나면서 일반적으로 널리 공유되었다. 사람들 사이에 생태학적인 의식이 침투하기도 하여 공공사업의 공익성은 의문시되었다. 직업정치가가 '득표 기계'인 관료들에게 이익을 유도하기 위하여 공공사업을 미끼로 삼아왔던 것은 아닌가 하는 의심도 생기게 되었던 것이다. 한편, 1990년대에는 자원봉사단체, NPO(비영리조직), NGO(비정부조직)처럼 시민에 의해 자발적으로 형성된 조합(association)에도 주목하게 되었고, 국가와 시장사회(market society)와는 구별되는 시민사회(civil society)의 독자적 의의가 강조되었다.

이러한 움직임을 '시민적 공공성'의 생성이라고 요약하면, 그것은 오랫동안 민간 차원에서 자발적인 공공성('연대로서의 공[公]' : 미조구치 유조)이 자라나지 못했다고 끊임없이 비판받아 온 정치문화에서는 확실히 환영할 만한 현상이다. 1990년대 후반 각지의 주민투표에서 볼 수 있듯이, '시민적 공공성'은 '공공성'(공익성)을 정의할 권리를 국가의 독점으로부터 탈환하기 시작했다. 국가가 '공공성'의 정의를 일방적으로 밀어붙이는 것은 확실히 어려워지고 있다. 그러나 한편, 공공적 공간에서 충분한 논의를 거쳐야 할 중대한 쟁점이 정부 여당의 뜻대로 '시민사회'에 의해 그다지 저항받지도 않고 통과되어버린 사태를 어떻게 보아야 할 것인가(주변사태법,[3] 주민기본대장법,[4] 통신방수법,[5] 국기·국가법,[6] 출입국관리법의 개정, 단체규제법[7]과 같은 1999년에 벌어진 일련의 법제화가 그것이다). 이 점에서

3 이 법률은, 그대로 방치하면 일본국에 대한 직접적 무력 공격에 이르게 될 우려가 있는 사태 등 일본국 주변 지역에서 일본의 평화 및 안전에 중요한 영향을 미치는 사태(줄여서 '주변사태'라고 한다)에 대응하여 일본이 실시하는 조치. 그 실시의 절차와 기타 필요한 사항을 정하고 일본과 미국 간의 상호 협력 및 안전보장조약(줄여서 '일미안보조약'이라고 한다)의 효과적인 운용에 기여하며 일본의 평화 및 안전 확보에 이바지하는 것을 목적으로 한다.

4 1999년에 주민기본대장의 네트워크화를 도모하여, 주민표 복사본의 광역 교부, 전출입 수속의 간소화, 그리고 법령상 명확하게 규정된 분야에 대한 국가기관 등에의 정보 제공을 내용으로 하고, 동시에 주민의 본인 확인 정보를 보호하기 위한 조치를 강구하는 방향으로 주민기본대장법 일부가 개정된 것을 가리킨다.

5 사법당국이 전화나 다른 통신수단에 대한 감청은 물론 도구를 사용하여 타인의 허락 없이 대화를 엿듣는 것을 허용한 법률이다. 통신방수법에 따르면 방수(傍受)의 대상이 되는 범죄는 약물 관련 범죄, 집단 밀항 관련 범죄, 총기 관련 범죄, 조직적인 살인 범죄이고, 이 범죄가 행해졌다는 충분한 근거가 있고, 당해 범죄가 여러 사람의 공모에 의한 것이라고 의심되는 상황일 경우, 또한 다른 방법으로는 범인을 특정하거나 범행의 상황 등을 밝히는 것이 명백하게 곤란할 때에는 검찰관 또는 사법 경찰은 재판관이 발행한 방수영장으로써 범죄의 실행, 준비 또는 증거 은멸 등에 관한 모의, 지시 등을 내용으로 하는 통신(범죄 관련 통신)을 방수하는 것이 가능하게 되었다.

6 일본의 국기는 '일장기'이고 국가는 '기미가요'(君が代)라는 것은, 태평양전쟁 전부터 특히 학교 교육을 통하여 국민 사이에 관습법적으로 정착되어 있었지만, 명확한 법적 근거는 없었다. 그런데 1989년 학습지도요령 개정에 따라 "입학식이나 졸업식 등에서는 그 의식을 밟아, 국기를 게양함과 동시에 국가를 제창하도록 지도한다"라고 규정한 이래 교육 현장에서 국기 · 국가의 법적 근거를 둘러싼 혼란이 계속되었고, 결국 그 사이에 히로시마 현립고등학교 교장의 자살 사건이 일어나기에 이르렀다. 이 사건을 계기로 국기 · 국가의 법적 근거를 명확히 하기 위해 이의 법제화를 도모해야 한다는 의견이 당시 국회에서 높아졌고, 정부 여당의 지지 아래 압도적 다수로 통과되어 1999년 8월 13일 공포, 당일 시행되었다.

7 무차별 대량 학살 행위를 행한 단체의 규제에 관한 법률. 1999년 11월 2일 국회에 제출되었다. 이 법률에 따르면 과거에 무차별 대량 학살을 행했고, 주동자가 지금도 영향력을 갖고 있는 단체에 대하여 경찰이 현장 검사를 행하는 '관찰처분'이나 단체 가입 권유 등을 금하는 '재발방지처분'을 가할 수 있다. 사린 사건을 일으킨 옴진리교를 표적으로 하고 있지만, 임의적으로 다른 단체로 확대될 가능성 때문에 기본권 침해 논란이 일어나기도 했다.

다지 감응하지 않는 방식으로 편성되어 있는 것은 아닌가 하는 의문도 갖지 않을 수 없다.

1990년대에는 사람들 사이에서 공공성이 형성된 반면, 그러한 수평적 차원의 공공성을 노골적으로 멸시하는 별종의 '공공성'론이 대두되어왔다. 그것은 '공공성'을 내셔널리즘을 통해 다시 정의하려는 경향이다(고바야시 요시노리[小林よしのり], 『전쟁론』, 幻冬舍, 1998; 사에키 게이시[佐伯啓思], 『시민이란 누구인가』, PHP新書, 1997; 니시오 칸지[西尾幹二] 엮음, 『국민의 역사』, 産經新聞社, 1999 등을 참조). 그 기본적인 특징은 '공공성'을 공동체의 연장선상에서 오로지 '국민공동체'라고 이해하는 점에 있다. 그들은 이렇게 주장한다. '공공성'은 전후 사회에 개인주의나 사생활주의가 무분별하게 퍼져나감으로써 파괴되어왔으며, '공공성'의 공동화(空洞化)에 대항하기 위해서는 '조국을 위해서 죽을' 각오를 핵심에 둔 시민=공민으로서의 덕성이 국가의 교육과 지도에 의해 적극적으로 함양되어야 하고, '사민'(私民)으로부터 '공민'(公民)으로의 탈피를 도모하는 것이 이러한 국민공동체의 과제다, 라고.

이 입장에 선 논자는 주로 1980년대 영미에서 등장한 공동체주의(communitarianism)의 용어를 원용한다. 예를 들면 '시민적 덕성'(civic virtue)은 그 중 하나이지만 주의할 점이 있다. 공동체주의는 확실히 공동체의 성원이 공유해야 할 '공동선'(common good)을 적극적으로 정의하려고 하지만, 공동체주의에서 말하는 공동체는 어디까지나 비국가적인 공동체이다(자유주의적 국가는 '이방인끼리의 공동체'에 불과하다는 것이 이 입장에 의한 자유주의[liberalism] 비판의 포인트 중 하나이다). 따라서 공동체주의는 여러 공동체를 단위로 하는 다문화주의를 적극적으로 옹호한다. 그러나 이것은 국민공동체의 재통합을 주장하는 입장에는 해당하지 않는다. 이 입장에서 말하는 '시민적 덕성'은 바로 '국민도덕'을 가리킨다. 그것은 또한 국민이 사익이나 사권의 주장을 넘어서 '공공'(res publica)에 관심을 가져야 한다고 강조하지만, 그 '공공'의 내막은 오로지 국가의 안전보장이나 공공질서의 방위를 가리킨다. 이 입장은 '공화주의'(republicanism)를 자칭하기도 하지만, 정확하게는 네오내셔널리즘(혹은 신보수주의)이라고 불러야 할 것이다(테사 모리스–스즈키가 지적하듯이 국민을 지고의 공동체라고 말하는 네오내셔널리즘의 수사학은 글로벌하게 퍼져 있다「글로벌한 기억·내셔널한 서술」, 『사상』890호 참조).

공공성을 사람들 사이를 넘어선 차원에서 '국민적인 것'으로 위치 짓는 이 사조는, '공공성'(공익)을 국익과 동일시하고 글로벌리제이션(globalization)의 조건 하에서 일본이 국제 경쟁, 곧 '경제전쟁'에서 승리하기를 바라는 경제적인 내셔널리즘과도 친화적인 관계에 있다. 글로벌리즘에는 내셔널리즘의 부흥으로써 대항하라는 기본자세가 공유되어 있다.

'공공성'을 둘러싼 최근의 담론 가운데에는 이와 같이 공공성과는 다른 가치, 공공성과는 조금도 양립되지 않는 가치를 소리 높여 이야기하는 것도 적지 않다. '공공성'이라는 말을 헛된 혼란 속에 빠뜨려 무의미한 것으로 만들지 않기 위해서는 어느 정도 형식적인 선별은 피할 수 없다. 공공성이 어떠한 것은 아닌가를 따지는 네거티브 방식으로, 공공성의 조건이란 무엇인가를 밝혀보자.

2. 공 공 성 과 공 동 체

공공성과 공동체는 어떠한 차이가 있을까? 우선 지적할 수 있는 것은 공동체가 닫힌 영역을 형성하는 데 반해서, 공공성은 누구나 접근할 수 있는 공간이라는 점이다. 공공성은 독일어로 'Öffentlichkeit'라고 표현되는 데, 그 어원은 '열려 있다'는 의미의 'offen'이다. 열려 있다는 것, 폐쇄된 영역을 갖지 않는다는 것이 공공성의 조건이다. '바깥'을 형상화함으로써 '안'을 형상화하는 공동체에는 이 조건이 결여되어 있다.

둘째, 공공성은 공동체처럼 균질한 가치로 채워진 공간이 아니다. 종교적 가치이건 도덕적·문화적 가치이건 공동체는, 공동체의 통합에서 구성원들이 본질적인 가치를 공유할 것을 요구한다. 이에 반해서 공공성의 조건은 사람들이 생각하는 가치가 서로 이질적이라는 것이다. 공공성은 복수의 가치·의견 '사이'에서 생성되는 공간인데, 거꾸로 말하면 그러한 '사이'가 상실되는 곳에서는 공공성이 성립되지 않는다.

셋째, 공동체에서는 그 구성원이 내면에 품고 있는 정념(애국심·동포애·애사심 등등)이 통합의 매체가 된다면, 그에 반해 공공성에서의 통합 매체는 사람들 사이에 존재하는 일, 사람들 사이에 생기(生起)하는 사건에 대한 관심(interest의 어원은 'inter-esse'[사이에 존재한다])이다. 공공성의 의사소통은 그러한 공통의 관심사를 둘러싸고 이루어진다. 공공성은 어떤 동일성(identity)가 제패하는 공간이 아니라, 차이를 조건으로 하는 담론의 공간이다.

마지막으로 정체성의 공간이 아닌 공공성은 공동체처럼 일원적·배타적인 귀속(belonging)을 요구하지 않는다. 공공적인 것에 대한 헌신, 혹은 충성이란 말은 명백한 형용모순이다. 공공성의 공간에서는 사람들이 복수의 집단이나 조직에 다원적으로 관여하는 것(affiliations)이 가능하다. 가령 '정체성'이란 말을 사용한다면, 이 공간에서의 정체성은 다의적이지, 자기의 정체성이 오직 하나의 집합적 정체성에 의해 구성되고 정의되는 것은 아니다.

이러한 공공성은 동화/배제의 기제를 필수적으로 요구하는 공동체가 아니다. 그것은 가치의 복수성을 조건으로 하여 공통의 세계에서 저마다의 방식으로 관심을 가지는 사람들 사이에서 생성되는 담론의 공간이다.

그렇다면 공공성은 시장이나 국가와는 어떻게 다른 것일까? 간략하게 요점만 말해보자.

시장은 공동체처럼 닫힌 영역을 형성하는 것은 아니다. 그것은 또한 집합적 정체성에의 배타적 동일화를 요구하는 것도 아니고, 특정한 누군가를 배제하는 것도 아니다. 오히려 시장은 어떤 사람들(현재의 노동시장에 적합한 능력을 가진 자)에게 공동체적 구속으로부터의 탈출을 가능하게 하는 자유의 공간이기도 하다. 그럼에도 불구하고 시장은 공공성의 공간은 아니다. 첫째, 시장의 매체는 화폐이고, 그것은 가치 사이의 질적인 차이에 대해서 어디까지나 중립적이다. 시장에서 사람들의 행동을 제어하는 것은 동일한 가치이고, 거기에서는 동일한 가치의 양적인 다과(多寡)만이 문제가 된다. 둘째, 시장은 극히 일부의 예외(문화재 시장 같은)를 제외하면 비인칭의 공간이다. 언어의 교환과 상품·화폐의 매매가 결정적으로 다른 것은, 전자에서는 누가 그 말을 했는가 하는 인칭성이 의미를 가진다는 점에 있다.

공공성은 사람들의 차이를 중화하는 시장은 아닌데, 그것과 국가의 차이는 어디에 있는 것일까? 우선 국가를 국민의 공동체라는 의미로 이해하는 한, 공공성과 국민국가의 차이는 이미 명백할 것이다. 검토가 필요한 것은 민주적인 법치국가라는 의미에서의 국가이다. 민주적인 법치국가라는 것은 공공성에서 형성되는 사람들의 의사를 정통성의 유일한 원천으로 하는 국가이다. 이 경우 공공성은 법치국가의 조직 원리로서 그 안에 포함되어 있다는 관점도 가능하다. 그러나 국가가 강제력을 가지고 실현해야 할 가치를 해석하고 정의하는 것은, 국가가 아니라 공공성이다. 이 점은 집합적 의사결정을 실행하는 의회를 국가의 기관으로 볼 것인가, 아니면 공공성의 한 차원으로 위치시킬 것인가 하는 문제와 맞닿는다. 그 어느 쪽이든 국가는 공공성의 어떤 한정된 차원을 떠맡는 것에 지나지 않으며 그 전부를 포함하는 것은 아니다. 나중에 칸트를 통해서 살펴보겠지만, 담론 공간으로서의 공공성에는 처음부터 국경이란 존재하지 않으며 거기에서의 논의 주제도 협의의 정치적 의사형성·의사결정으로는 환원될 수 없다.

제2장
공공성과 배제

1. 공공성에의 접근

앞에서 나는 공공성을 특히 공동체와 대비하면서, 그것이 닫힌 영역을 갖지 않는 공간임을 강조하였다. 그러나 공공성이 닫혀 있지 않다고 말하는 것만으로는, 현재 공공성의 담론 공간을 규정하고 있는 권력관계를 놓치기 쉽다. 공공적 공간은 열려 있음에도 불구하고 거기에는 언제나 배제와 주변화의 힘도 작용하고 있다. 무엇이 공공성에 접근하는 길을 가로막고, 그것을 비대칭적인 것으로 만들고 있는가는 가능한 한 냉정하게 인식해 둘 필요가 있다.

우선 공공성으로부터의 공식적(formal) 배제에 대하여 살펴보자. 정치적인 의사형성·의사결정 과정에서의 제도적 배제는 아직도 해결되지 않은 문제이다. 근대 시민사회가 정치적 공공성에 입장할 자격을 '교양과 재산'을 가진 남성에 한정함으로써 성립되었던 것, 사회계약의 논리가 여성을 공공성으로부터 배제하는 '성적(性的) 계약'(캐럴 페이트먼[Carole Pateman])의 논리를 수반하고 있었던 것, 그리고 그것이 계급이나 성별뿐만 아니라 인종주의나 이성애주의(heterosexism) 등에 의한 배제도 수반하고 있었던 것은, 새삼스럽게 지적할 필요도 없을 것이다. 특정 사람들이 정치적 공공성에 접근하는 길을 막아왔던 장벽은, 배제된 소수자의 운동(여성해방운동이나 공민권운동 등)도 있고 해서, 최근 100년 동안 거의 대부분이 제거되었다. 아마 최후의 제약으로 남아 있는 것은 국적에 의한 배제일 것이다.

정치적 권리(선거권·피선거권)는 확실히 열린 멤버십을 요구한다. 문제는 일정한 역사적 조건 하에서 멤버십을 국적에 의해 정의하는 것이 타당한가 하는 것이다. 국적의 취득이 순수하게 형식적인 요건(거주 기간 등)에 의해 쉽게 이루어진다면 문제는 없다. 그러나 일본 국적은 '혈통'('출생지'가 아닌)에 의해 정의되는데, 거기에는 과거 식민주의 역사(재일 한국·조선인의 국적을 제2차 세계대전 이후[1952년] 일방적으로 박탈했던 역사를 포함하여)가 새겨져 있다. 국적 취득이 현저히 곤란한 경우에 취할 수 있는 선택지는 정치적 권리를 누릴 자격(citizenship)을 국적(nationality)으로부터 분리하는 것이다. 민주주의의 원리는 단적으로 말하면 누구의 발언권(voice)도 박탈하지 않는 데 있다. 이 점에서 일본의 정치는 한편으로 여러 가지 의무를 요구하면서 다른 한편으로는 정치적인 발언권을 부인하는 '전제'(專制)적 요소를 여전히, 그리고 뚜렷이 남기고 있는 것이다(사법부는 외국인의 지방자치단체 선거권은 합헌이라고 판단하기에 이르렀다. 중앙정부의 선거권·피선거권이 승인되기 위해서는 헌법의 개정 혹은 국적법의 개정이 필요하다).

다음에서 좀 더 자세하게 검토하고자 하는 것은 공공성으로부터의 비공식적(informal) 배제의 문제이다. 특히 주목하고자 하는 것은 '담론 자원'(discursive resources)이라는, 눈에 보이지 않는 자원이 공공성에의 접근을 얼마나 비대칭적으로 만들고 있나 하는 점이다. 소득이나 자산 등의 물질적인(material) 자원이 중요하지 않은 것은 아니다. 예를 들면 다른 사람 앞에 서는 것을 부끄럽지 않게 만드는 도구(의복이나 구두)를 구비하는 것은 일찍이 애덤 스미스(Adam Smith)가 강조한 인간의 기본적 필요이다(유인호 옮김, 『국부론』, 개정판; 동서문화사, 2008, pp. 911~912). 또 그러한 경제적 격차가 교육을 받을 기회의 격차, 정보의 수집·분석·발신 능력의 격차 등에 여실히 반영되는 것은 새삼 말할 필요도 없다(마이클 월저[Michael Walzer]가 말한 것처럼 화폐는 현재 다른 모든 재화로 전환[convert] 가능한 재화이기 때문[정원섭 외 옮김, 『정의와 다원적 평등: 정의의 영역들』, 철학과현실사, 1999]이다). 덧붙여, 공공적 공간에의 접근을 크게 좌우하는 것으로 자유 시간이라는 자원이 있다. 생활의 필요로부터 해방되어 자유 시간을 얻는 것이 '정치적인 삶'(bios politicos)을 살기 위한 조건이라는 점은 고대 그리스부터 있었던 인식이지만, 이제 '시간의 빈곤'(time-poverty)은 물질적 빈곤에 시달리지 않는 사람들에게도 절실한 문제가 되었다. 예를 들면 일과 가사의 '이중 부담'은, 공공적 공간에 호소해야 할 문제를 안고 있는 사람들이 자유 시간이라는 자원의 결여 때문에 공공적 공간에 충분히 접근할 수 없다는 악순환의 전형을 보여주고 있다.

'담론 자원'은 공공성에의 실질적인 접근을 근본적으로 좌우한다. 그 이유는 공공성에서 의사소통이 바로 언어라는 매체를 통하여 이루어지기 때문이다. 거기에서는 '담론 자원'을 가진 자들이 '헤게모니'(문화적·정치적으로 타자를 지도하는 힘)를 쥔다. 이 자원은 양적인 다과(多寡)가 아닌 질적인 우열로 가늠된다. 예를 들어 만약 같은 내용을 이야기한다고 해도 그 발화가 명료한가, 요점을 말하고 있는가의 차이는 의사소통의 행방에 큰 영향을 끼친다. 문화의 지배적인 코드를 습득하고 있는가가 '담론 자원'의 우열을 규정하는 것이다. 이러한 문화적 코드는 담론에 외재적인 것이 아니라, 바로 담론의 실천을 통해 구성된 것이고, 공공성은 이 코드로부터 자유로울 수 없다(비록 화폐나 권력으로부터는 자유로울 수 있었다고 해도).

담론 자원은, 첫째로 사람들이 어떤 어휘를 구사하는가와 관련된다. 자신의 관심을 설명하고 다른 사람을 설득할 수 있는 이유를 들기 위해서는 당면한 맥락에 어울리는(어울린다고 간주되는) 말을 어느 정도 자유롭게 사용할 수 있는 능력이 필요하다. 만약 문제를 논의하기 위한 적절한 어휘가 모자라면, 이러한 담론은 주변으로 내몰리게 된다. 담론 자원의 격차는 일상적 지식 사이의 비대칭성뿐만 아니라, 전문적 지식과 일상적 지식의 비대칭성이라는 형태를 띠기도 한다. 예를 들면 금융·의료·첨단과학기술 등을 둘러싼 쟁점에 대해, 공공적 공간의 논쟁을 실질적으로 우회(by-pass)하는 방법으로 의사결정이 이루어지는 경향이 현저해지고 있다. 그러한 담론 자원의 격차에 근거한 지배(technocracy)를 비판적으로 제어하기 위해서는 전문가에게 설명책임(accountability)을 부과하고, 일상 언어로 번역할 것을 요구해야 할 뿐만 아니라 전문적 지식을 가지고 전문적 지식을 비판할 수 있는 대항 담론을 그 외부에 가지는 것도 필요하다.

둘째로, 이것은 간과되기 쉬운 문제인데, 말을 어떻게 하는가라는 담론의 톤(tone, 말하는 방식, 쓰는 방식)은 중요한 자원의 하나이다. '합리적'이라고 일컬어지는 말하기 방식은 감정의 억제, 명료한 발화, 말의 간결함 등을 암묵적으로 요구하고 있다. 반대로, '새된' 목소리, '성가신' 어조 등이 그 내용을 묻기 전에 공공의 담론 공간으로부터 경원시되는 것은 결코 드물지 않다. 특히 신체성이 전면에 드러난 말하기 방식이 배제되는 경향은 현재의 문화적 코드가 어떻게 편성되어 있는가를 암시하고 있기도 하다.

셋째로, 이 책의 관심사 중 가장 중요한 것은, 공사를 구별하고 공공의 장(場)에 어울리는 테마를 말해야 한다는 암묵적 규범의 문제이다. 그런 의미에서 담론 자원은 장(場)에 어울리는 주제를 선택할 수 있는 능력에도 관련되어 있다. '개인적인 것'을 삼가지 못하는 담론은 배제의 대상이 된다.

이 문제가 중요한 것은, 무엇을 '개인적인 것', '사적인 것'으로 정의하는가에 의해 '공공적인 것'이 반사적으로 정의되기 때문이다. 공공적 영역과 사적 영역의 경계는 고정된 것이 아니고, 무엇을 '사적'이라고 하는가 하는 담론에 따라 달라질 수 있다. 근대의 '공공성' 정의에서 결정적인 의미를 가진 것은, 종교나 신앙을 '사적인 것'(privatize)으로 다룸으로써 공공적인 쟁점에서 제거하는 것이었다. 신체 특히 성적인 것도, 한편으로는 '생명-권력'의 표적이 되면서도 비가시적인 개인적 차원으로 자리매김 되었다. 근대의 '공공성'은 많은 테마를 '사적인 것'으로 규정함으로써 스스로를 정의해온 것이다. 거꾸로 말하면, 공사(公私)를 나누는 경계선은 담론에 의존하는 유동적인 것이지, 담론 이전의 것, 정치 이전의 것은 아니다.

"개인적인 것은 정치적인 것이다"(The personal is political)라는 한때 페미니스트의 표어는 종래의 공사 경계 설정에 의문을 제기하려는 의도를 단적으로 드러내고 있다. 그것은 성별역할분업을 정당화하는 담론에 의해 공공성에서 배제되어왔던 가사노동이나 부양(care work) 등을 정치적인 쟁점으로 재파악하려는 대항 담론의 좋은 예이다. 가정폭력(domestic violence)이나 성희롱(sexual harassment) 등에서 볼 수 있는 것처럼 최근 사적인 '불운'(misfortune), 개인적으로 해결해야 하는(참고 견뎌야 하는) 문제로 여겨졌던 많은 일들이 공공적인 '부정의'(injustice)로서 재파악되게 되었다. 또 가족이 해야 하는 '사적인 일'로 여겨진 돌봄(care)에 대해서도 불완전하나마 공적인 제도가 마련되었다. 공사 경계의 변화는 경계를 넘어 발언하는 담론의 실천이 누적된 효과이다.

이러한 경험은 공공성을 둘러싼 이론에도 영향을 주었다. 예를 들면 한때 위르겐 하버마스(Jürgen Habermas)는 보편화 가능한 규범적 담론과 보편화의 가능성을 바랄 수 없는 가치 평가적 담론을 준별하고, 후자를 공공의 토의에서 배제하는 입장을 취해왔다. 그러나 최근의 저서 『사실성과 타당성』(박영도·한상진 옮김, 나남출판, 2007)에서는 공공의 토의가 모든 테마에 열려 있다고 말하고 있다. 의사 형성의 공간은 모든 문제제기에 열려 있지 않으면 안 된다는 요구와, 사회 전체를 구속하는 집합적인 의사결정은 특정한 가치에 의거해서는 안 된다는 요구는 서로 모순되지 않는다. 공공적 공간은 공사의 경계를 둘러싼 담론의 정치가 행해지는 장소이지, 공공적인 테마에 관해서만 논의해야 하는 장소가 아니다. 무엇이 공공적인 테마인가는 의사소통에 선행해 미리 결정되어 있는 것이 아니다.

2. 대항적 공공권과 고독

'사적인 것'으로 일컬어져온 것을 '공공적인 것'으로 재정의하려는 경우, 한 사람 한 사람에 의한 산발적인 이의 제기에는 한계가 있을 때가 많다. 자기주장을 스스로 억제하고 기존의 권력관계를 교란하지 않는 한도 내에서 겨우 살 장소가 제공되는 사람들이 현재 존재하기 때문이다(요우다 히로에[要田洋江], 『장애인 차별의 사회학: 젠더·가족·국가』, 岩波書店, 1999). 문화의 지배적인 코드에 도전하는 것은 역시 어느 정도의 용기와 각오가 요구된다. '담론 자원'이라는 점에서 열세에 있는 소수자는 그러한 한계에 도전하면서 자기 자신들의 담론 공간을 창출하는 것이 유효하다. 공공적 공간에서 일반적으로 사적인 것으로 간주되는 것이 이 공간에서는 공통의 관심사로 다루어진다. 주의(attention)의 배분＝배치(economy)를 재편하여 그 전까지 다수(majority)에 의해 무시되고 묵살되어온 것에 초점을 맞춘다.

이러한 담론의 공간을 낸시 프레이저(Nancy Fraser)처럼 '대항적 공공권'(counter publics)이라고 불러도 좋고(Rethinking the Public Sphere: A Contribution to the Critique of Actually Existing Democracy, Craig Calhoun ed., *Habermas and the Public Sphere*, Cambridge: MIT Press, 1992), 또는 '대안적 공공권'(alternative publics)이라고 불러도 좋다. 어쨌든 이 공공권에서는 지배적인 공공권과는 상대적으로 다른 '담론 자원'이 형성된다. 거기에서는 자신들의 '필요'(needs)에 대해 바깥으로부터 부여된 해석을 문제 삼고, 자신들에게 부여된 '정체성'을 의문시하며, '정상이 아니다', '열등하다', '뒤쳐져 있다'는 식으로 폄하되어왔던 자기 삶의 존재 방식을 긍정적인 것으로 재파악하는 등, 재해석·재정의의 실천이 시도될 것이다. 거기에서는 또한 우세한 공공권과는 다른 담론의 양식(mode)(예를 들면 일인칭의 이야기)나 다채로운 수사가 중요시될지도 모르고, 반대로 경험의 흔적에 의해 뒷받침되지 않는 말이나 지나치게 조리 정연한 말은 신뢰를 얻지 못할지도 모른다.

이 공공권에서는 자신이 이야기하는 의견에 다른 사람들이 귀를 기울여준다는 경험, 적어도 자신의 존재가 무시되지 않는다는 경험이 가능해진다. 제2부에서도 살펴볼 것처럼, 대항적 공공권의 대부분은 그것을 형성하는 사람들의 구체적인 삶/생명을 배려하는 '친밀권'(親密圈)이라는 성격도 갖고 있다. 자기 말이 타자에 의해서 받아들여지고 응답받는다는 경험은 누구에게나 살아가기 위한 가장 기본적인 경험이다. 이 경험으로 회복되는 자존(自尊) 또는 명예의 감정은, 타자로부터의 멸시나 부인의 시선, 혹은 일방적인 보호의 시선을 물리칠 수 있게 한다. 자기주장을 실행하고 이의를 제기하기 위해서는 자신이 어떤 장소에서는 긍정되고 있다는 감정이 반드시 있어야 한다.

대항적 공공권에서 형성되고 제기되는 담론이 지배적인 공공권을 비롯한 다른 공공권의 담론에 어떻게 영향을 주는가는 딱 잘라 말할 수 없다. 지배적인 언어를 사용하여 의사형성·의사결정의 공간에 참여하고 문제의 인식과 공유를 추구해가는 경우도 있을 것이다. 협의의 정치 과정에서 벗어나 문화의 코드를 다시 쓰는 그런 새로운 해석이나 관점을 제기하는 경우도 있을 것이다. 어쨌든 그런 행위가 공공적 공간을 정치화하는 효과를 갖는 것은 확실하다. 즉 그것은 현재의 주의(attention) 배분＝배치(economy)를 어느 정도 재편하고 그 전까지 문제시되지 않았던 것을 문제로 부각시킬 것이다. 공공적 공간에서 사용되는 언어에도 의미의 어긋남을 새로 발생시켜, 필요나 가치의 해석·정의를 둘러싼 항쟁을 야기할 것이다.

또는 여기서 대항적 공공권은 공동체와 어떻게 다른가 하는 의문이 생길지도 모른다. 즉 소수자에 의한 정치적인 저항은 공동체의 특징(집합적인 정체성에의 동일화, 내부 가치의 등질성 등, 즉 동화/배제의 기제)을 농후하게 띤 '정체성의 정치'(identity politics) 형태를 취하지 않는가 하는 의문이다. 확실히 지배적인 집단과의 긴장이 극도로 높은 경우에 집단으로서의 통합과 응집성이 강하게 전면으로 대두되어, 구성원이 집단에 대해 지나치게 자기동일화('상처 난 애착'[wounded attachment: 웬디 브라운])를 하기도 한다. 그러나 '정체성의 정치'는 그 자체가 하나의 지배적인 담론임도 잊지 말아야 한다. 그것은, '공통의 본질'이나 '공통의 속성'으로 연결된, 즉 '우리'의 것이 아닌 무언가에 의해 통합된 것으로서 대항적 집단을 표상하는 효과를 가진다(예를 들면 사무엘 헌팅턴[Samuel P. Huntington]의 『문명의 충돌』[이희재 옮김, 김영사, 2000]은 그 전형이다). 그것은 사람들이 저마다 생각해왔던 문제를 '공통의 문제'로 정의해가는 담론 과정, 동일한 경험을 '공통의 경험'으로 해석해가는 담론 과정을 사상(捨象)하고 '그들'과 '우리'의 차이를 어떤 본질에 의해 정의한다. 그렇게 본질주의적인 방식으로 표상되는 경우, 대항적 공공권은 '공공성의 타자', '의사소통의 타자'로서 지배적 공공권 바깥으로 배제된다.

대항적 공공권과 관련하여 내가 언급하고자 하는 것은, 담론의 공공권을 형성하기 어려운 조건 하에 있는 사람들에 대해서이다. 즉 「시작하며」에서 언급했던 '고독'(loneliness) 혹은 '버림받음'(Verlassenheit)의 문제이다. 아렌트의 견해처럼, 이 경우 문제는 사람들이 "타자에게 보여지고, 들려지는 경험"을 잃는다는 데 있다. 그것은 사람들에게 타자의 부재라는 견디기 힘든 상황을 견디도록 강요한다(이때 염두에 둔 것은 주로 도시지역의 고령자이지만 육아나 돌봄에 장기간 속박되어 있는 사람들도 포함된다). 이 경우에는 소수자로서 자신들을 이해하고 자신들의 공공권을 만들어내기 위한 최소한의 자원, 즉 타자의 존재가 결여되어 있다. 그런 의미에서 고독한 삶을 살아야 하는 사람들은 공공적 공간으로부터 가장 먼 곳에 위치한다(오해없도록 부언하자면, '고독'[loneliness]과 '홀로 있음'[solitude]은 다르다. 후자는 타자와의 관계로부터 자신만의 공간으로 스스로 퇴거하는 것으로서 사고라는 내적 대화를 시작하기 위한 조건이기도 하다).

현재 공공성에 어떤 배제가 존재하는가를 살펴볼 때 아마 가장 중요하면서도 가장 곤란한 문제는, 어떤 사람들을 고독한 상황으로 몰아넣으면서도, 딱히 의식되지 않는 '분리'(segregation)의 문제일 것이다. 그것이 곤란한 문제라고 하는 이유는, 그런 사람들로부터는 우리에게 거의 메시지가 도달되지 않는 까닭에 우리가 그 문제를 무시하기 이전에 문제가 존재한다는 것 자체를 잊을 수 있기 때문이다. 누구나 빠지기 쉬운 상황임에도 불구하고 그것을 보이지 않는 것, 들리지 않는 것으로 여기는 것이 현재 우리가 주의(attention)를 기울일 수 있는 한계이다. 또 그것이 중요한 문제라고 하는 이유는, 거꾸로 '버림받은 상황'이 현재 공공권이 어떤 가치를 중심에 두고 있는가를 선명하게 비추고 있기 때문이다. 즉 그것은 '잉여자'인 동시에 '말 못 하는(mundtot) 자'이기도 한 사람들을 수없이 만들어 내는 가치의 편성 방식을 부각시킨다.

소수자 이전에 고독이란, 정체성을 둘러싼 승인의 문제와 같은 만큼 혹은 그것 이상으로 뿌리가 깊은 문제인 것으로 생각된다. 고독한 삶이 제기하고 있는 것은 정체성에 대한 승인(recognition)이라기보다도 존재에 대한 긍정(affirmation)이기 때문이다. 자신은 없어져도 상관없지 않나 하는 존재의 현실성에 대한 의심은, 타인과 다른 나의 삶의 방식이 동등한 가치를 가진 것으로서 존중과 승인을 받지 못하는 것에 대한 분노나 슬픔보다도 더욱 통절한 것이리라.

고독이란 문제를 '사적인 것'이 아닌 것으로서 받아들이고자 한다면 결국은 문화 자체의 질을 묻지 않을 수 없게 된다. 쓸모의 유무에 따른 유용성의 기준이 타당한 공간은 확실히 있을 것이다. 문제는 그런 공간이 터무니없이 팽창하여 우리 삶의 거의 모든 영역을 삼켜버리고 있는 데 있다. 아렌트는 많은 인간을 끊임없이 '잉여자'로 만드는 '공리주의적 사고'의 침윤을 문제 삼았는데, 그러한 공리주의적 사고는 쓸모없는 자를 즉시 잘라버리는 것이 '정답'으로 여겨질 정도에까지 이르고 말았다. 공공성을, 배제가 없는 민주적 공간으로 만들고자 한다면 쓸모없다고 여겨지는 사람들, '쓸모가 다했다'고 여겨지는 사람들을 만들어내는 것을 자명한 것, 당연한 것으로 생각하는, 굳어진 사고 습관을 근저에서부터 되물을 필요가 있다. 이 책에서는 인간이 유용성 여부로 판단되지 않는 공공성의 차원에 주목함으로써 이 문제를 생각하기 위한 하나의 단서를 마련하고자 한다.

제2부 　　　　공 공 성 의

　　　　재 정 의

제3장
시민사회와 공공성

현재는 공공성이 긍정적인 의미로 사용되고 있으나, 19세기 중반부터 대략 한 세기 동안은 부정적으로 파악되어왔다고 보아도 좋다. 그 한 전형은 『존재와 시간』(1927년)에서 '공공성'을 '일반인'(das Mann)이 지배하는 영역으로 묘사한 하이데거일 것이다. 하이데거에 의하면 '공공성'은 '서로의 차이나 특색'을 잃고 '섞이는' 존재양식밖에 허용하지 않는 비본래성의 공간이다. '공공성'을 '평균성'이나 '영합'이라고 특징짓는 것은 그것을 '수평화의 주인'이라고 일컬었던 키에르케고르를 떠올리게 한다. 『현대 비판』(1846년)은 '공공성'을 정면에서 비판한 아마 가장 빠른 시기의 문헌일 텐데, 그 책에서 키에르케고르는 대략 반세기 전에 칸트가 계몽('글쓰기의 자유')의 매체로서 높이 평가했던 출판을, "모든 사람들을 합친 것보다도 더 세력이 강한 군대", '개체화의 원리'를 위압하는 거대한 추상을 만들어내는 매체로 간주하고 있다.

'공공성'에 대해 적대적인 것은 실존철학의 계보에 속하는 사상가뿐만이 아니다(의사소통 가능성을 진리의 조건으로 여겼던 야스퍼스는 예외에 속한다). 『존재와 시간』과 거의 같은 시기에, 칼 슈미트(Carl Schmitt)는 『현대의 회주의의 정신사적 지위』(1923년)에서 민주적인 법치국가의 조직 원리이어야 할 '공공성'이 퇴락하고 있는 모습을 통렬하게 지탄했다. "신문의 논설, 집회의 연설, 의회의 토의로부터 진실하고 정당한 입법과 정책이 만들어진다는 신념"은 사라졌다. 일찍이 절대주의의 비밀정치에 대한 격분으로부터 탄생한 '공개성'은 사라지고, 밀실 안에서 소수가 결정하는 방식으로 되돌아갔다. "공개성과 토의가 현실의 의회운영에서 공허하고 취할 바가 못 되는 형식이 되어버렸다면, 19세기에 발달한 의회도 또한 그 종래의 의미를 잃고 있다."

같은 시기, 미국에서는 저널리스트인 월터 리프만(Walter Lippmann) 역시 '공공성'의 현실에 경종을 올리는 진단을 내렸다. 그는 『공론』(*Public Opinion*, 1922년)이라는 책으로 유명하지만, 『환영의 공공(공중)』(*The Phantom Public*, 1925)이라는 책도 쓴 바 있다. 리프만 역시 대중사회에서 사람들의 관심이 소비로 향하고, 이러한 사적인 것에 몰두하는 추세가 이제는 피하기 어렵다고 쓰고 있다. 공중이 '환영'에 불과한 이상, 정치적 권위는 전문가에게 맡겨야 한다는 것이 이 책의 주장이다. 그 후 곧 독일에서는 공공성이 유동성 높은 대중 동원의 공간으로 되어버렸음이 현실로 입증되었다. 나치는 길거리와 라디오 방송이라는 공공성의 매체를 최대한 활용하면서, 대중을 전체주의 운동으로 동원해갔던 것이다(사토 다쿠미[佐藤卓己], 「파시스트적 공공성: 공공성의 비자유주의 모델」, 『민족·국가·에스니시티(ethnicity)』, 이와나미 강좌 현대사회학 24권, 1996년 참조). 공공성은 탈(脫)-정치화와 과(過)-정치화라는 양극으로 왔다갔다 하는, 그 어느 쪽도 신뢰할 수 없는 위험한 공간으로 여겨진다.

1. 계몽 = 공공성의 프로젝트

공공성을, 인간의 개체성·단독성을 위압하는 획일주의(conformism)의 힘, 혹은 공개성과 토의가 빈껍데기가 된 '환영'(幻影)으로 묘사하는 20세기 전반의 지배적인 문맥을 되돌아보면, 아렌트의『인간의 조건』(1958년)과 하버마스의『공공성의 구조전환』(1962년)이 '공공성'을 논의하는 자장을 크게 변화시켰다고 보아야 할 것이다. 우선 하버마스가 제기한 '시민적 공공성', 또는 '시민사회'에 형성되는 공공성의 의미를 밝혀보자.

우선 확인해야 할 것은『공공성의 구조전환』도 공공성의 현실을 긍정적으로 바라보고 있는 것은 결코 아니라는 점이다. 하버마스가 동시대에 간취한 것은 '조작적인 공개성'이었다. 대중매체는 특권적인 이해를 현시하기 위한 기회를 제공하고, 대중은 그 조작적인 힘에 노출되어 있다. 대중은 '문화산업'(아도르노)이 생산하는 상징을 고분고분 수용하고 있음에 지나지 않는다. 문화 영역에서 비평 공간이 사라져버리는 것과 마찬가지로, 정치 영역에서도 의논과 비판은 공동화(空洞化)된다. 경제적 영향력은 지하 수로를 통해서 정치의 장으로 흘러 들어가고, 사람들은 다채롭게 연출되는 정치적 상징 앞에서 오직 '대중적 충성'('국민적 합의' 등)을 출력하기만 하는 수동적인 입장에 만족하고 있다. 정치적 쟁점은 공공적인 논의의 장으로부터 교묘하게 제거된다. 정통성은 심의회·자문위원회 등의 의사(疑似) 공공적 공간으로부터 직접 조달되고, 정치적 의사결정은 논의의 공간으로부터 괴리되어간다. 공개성은 공권력의 활동을 감시하는 비판으로부터 '합의의 공학'에 의한 조작으로 그 방향을 바꾸고 있다.

공공성은 사람들 사이에서 형성되는 것이 아니라, 사람들 앞에서 펼쳐지는 것으로 변용되었고, 일찍이 왕후나 성직자가 권력과 위광(威光)을 민중에게 과시하는 '시위적 공공성'의 양상을 다시 띠고 있다. 공공성은 '논의의 공간'으로부터 '스펙터클한 공간'으로 변질되고, 거기서는 가장 개인적인 것(예를 들면 정치가의 성적 스캔들)이 가장 공공적인 토픽이 된다는 역설이 생긴다. 이와 같은 공공성의 실태는 일찍이 칼 슈미트가 폭로한 사태와 기본적으로 다르지 않다. 슈미트는 완전히 퇴색한 공공성의 현실을 뒤로 하고 정치적 장소를 '담론의 공간'으로부터 '투쟁의 공간'으로 치환해가는 방향('설득'으로부터 '결단'으로 이행하는 방향)으로 키를 돌렸다. 이에 반해 하버마스가 택한 것은 18세기 시민사회가 배양한 공공성의 잠재력을 다시 되살리는 길이었다. 그것은 칸트가 「계몽이란 무엇인가」(1784년)에서 제기한 계몽의 이념을 재구성하여 그것을 동시대의 소위 재신비화된 공공성의 실태와 대결시키는 전략이다.

"너 자신의 오성(悟性)을 사용할 용기를 가져라!"라는 표어를 가진 '계몽'의 프로젝트. 그것은 '공공성'의 프로젝트를 핵심으로 가지고 있다. 칸트에게 있어서 의존해서는 안 되는 타인의 '오성'이란 구래의 사고습관인 동시에 계몽전제군주와 그 관리들의 '오성', 인민의 생존과 생활을 배려하는 복지행정(Polizei)의 '오성'이기도 하다. '계몽'이란 그러한 온정주의(paternalism)라는 보행기를 버리고 자립적으로 사고하는 힘을 획득하는 것이다. 그러나 그것은 개개인이 혼자 힘으로 성취할 수 있는 그런 프로젝트는 아니다. '자립적 사고'(Selbstdenken)는 공공성의 공간에서 비로소 육성될 수 있다.

그러므로 개인이 거의 천성이 되다시피 한 미성년 상태에서 벗어나는 것은 매우 어려운 일이다. 그는 이 상태를 좋아하게 되었고, 현재로서는 실제로 자신의 오성을 사용할 수가 없다. 왜냐하면 지금까지 아무도 그에게 지성의 사용을 허용하지 않았기 때문이다. 법령이나 형식들, 그의 천부의 재능을 합리적으로 사용하거나 혹은 잘못 사용하게 하는 이런 기계적 도구들이 영구히 계속되는 미성년 상태의 족쇄들이다. [……] 그렇지만 공중이 스스로를 계몽하는 것은 오히려 가능한 일이다. 실제로 공중에게 자유만 허용된다면 계몽은 거의 확실히 이루어질 수 있다. (칸트, 「계몽이란 무엇인가에 대한 답변」, 이한구 편역, 『칸트의 역사철학』, 서광사, 1992, p. 14)

자립적 사고는 자유를 필요로 한다. 그것은 사람들이 서로 자신의 사고를 공공연하게 타자에게 전하는 자유이다. '계몽'의 프로젝트는 공공성의 공간을 그러한 자유가 실천되는 장소로 위치 짓는다(공중이 서로에게 자립적 사고를 하도록 자극을 준다는 칸트의 구상은, 마찬가지로 「계몽이란 무엇인가」를 논하면서 개인의 계몽=진보는 가능하지만 인류는 일정한 한계 안에 머무를 수밖에 없다고 하는 모제스 멘델스존[Moses Mendelssohn]의 생각과 날카롭게 대조를 이루고 있다).

자신의 생각을 공공적으로 전파할 자유를 인간으로부터 박탈하는 외적인 권력이 동시에 그 사람의 사고하는 자유도 박탈한다고 말해도 좋다. 이 사고하는 자유는 시민생활에서 우리에게 남겨져 있는 유일한 재산이고, 그것에 의해서만 현재의 모든 해악에 대한 해법을 강구할 수 있게 된다. (칸트, 「사고의 방향을 결정하는 것은 무엇인가」(1786), 가도와키 다쿠지[門脇卓爾] 옮김, 『칸트 전집(12)』, 理想社, 1966, p. 25)

'사고하는 자유'에 있어 "사고를 공공적으로 전파하는 자유"는 필수적 조건이다. 아렌트(그녀는 『칸트 정치철학 강의』에서 이 말에 주목했다)처럼 사고를 '내적 대화'라고 파악한다면, 사고 자체가 일종의 공공적 공간이다. 왜냐하면 복수의 이질적 '자기'가 존재하지 않는다면 대화는 성립되지 않기 때문이다. 그리고 그러한 '내적 대화'를 가능하게 하는 것은 현실의 타자와의 대화이다. 타자의 사고를 접하고 그것에 의해서 현재의 사고습관이 흔들릴 때, 우리의 사고는 시작된다. '버림받음'이란 타자로부터 버림당하는 것일 뿐만 아니라, 자기 자신('내적 대화'의 파트너)으로부터도 버림받는 것이기도 하다고 아렌트가 말하는 것은 그 때문이다.

칸트는 타자에게 생각을 전하는 자유를 "자신의 이성을 모든 면에서 공공적으로 이용하는 자유"라고 부른다. 이성을 공공적으로 사용한다는 것은 자신이 속한 집단의 이해나 자신이 놓여 있는 사회적 입장에 구속되지 않고, 공중 일반을 향해 자기 의견을 표명하는 것이다. 이 경우 칸트가 말하는 '본래적 의미에서의 공중(Publicum)'은 '세계시민사회'의 구성원을 가리킨다. 공개성은 철저해서 '이성의 공공적인 사용'은 국경에 의해서도 방해받지 않는다. 한편 '이성의 사적인 사용'은 자신이 속한 집단을 위해서 이성을 사용하는 것이다. 흥미로운 것은 공직에 있는 자가 그 '공공체(公共体, Public body)의 이해'를 위해서 봉사하는 것이 '이성의 사적인 사용'이라는 카테고리에 포함되어 있다는 점이다. 칸트에게 공권력의 기구는 '본래적 의미로서의' 공공성이 아닌 것이다. 계몽=공공성의 프로젝트는 자신의 공동체(국가 포함)의 이해에 반하는 의견을 표명할 자유를 옹호한다. 이성을 공공적으로 사용한다는 것은 공동체의 타자를 향해서 발언하는 것이고, 칸트가 말하는 공공성은 공동체를 넘어서서 발언하는 자유의 실천을 어떤 경우라도 지지하는 것이다.

하버마스가 '의사소통적 자유'라고 하는 개념을 이용해서 재구성하는 것은, 이러한 '이성을 공공적으로 사용할 자유'의 이념이다(다만 하버마스는 과도하게 합의 형성을 지향하기 때문에, 이러한 자유가 포함하고 있는 비판적 가능성을 상당히 묵살해버렸다고 볼 수도 있다). 또한 하버마스가 칸트에게서 발견한 공공성의 또 하나의 중요한 요소는 '비판적 공공성'의 원리이다.

모든 법적 요구는 공개성이 가능하다는 것을 스스로의 내부에 포함하고 있다. 왜냐하면 공개성의 형식을 결여한다면, 어떠한 정의도 있을 수 없다(정의란 다만 공공적으로 알려질 수 있는 것이라고만 생각할 수 있다). 그러므로 또한 법은 오직 정의에 의해서만 허용될 수 있는 것이기 때문에, 공개성이 없다면 어떠한 법도 있을 수 없다. [……] 다음 명제를 공법의 초월론적 방식이라고 일컬을 수 있다. 즉 "다른 사람들의 권리에 관계하고 있는 행위이면서 그 행위의 준칙이 공개성(公開性)과 일치하지 않는 그러한 모든 행위는 부정(不正)하다." (칸트, 정진 옮김, 『영구 평화를 위하여』, 정음사, 1974, p. 103)

칸트의 논지는 명쾌하다. 공개성은 부정의를 인식하기 위한 비판적 척도를 제공한다. 공개성은 정의를 추정해야 할 근거를 직접 우리에게 제공해주는 것은 아니지만(예를 들면 남을 압도적으로 능가하는 권력을 가진 자는 그 의사를 숨길 필요는 없다), 공개성의 거절은 그 의사가 부정의라고 추정할 만한 근거를 우리에게 제공한다. 공중의 비판적 검토에 대해 충분한 개방을 거절하는 입법(정치적 의사결정)은 어떤 부정의의 요소를 감추고 있다고 판단되어 마땅하다. 칸트에게 계몽이란 인류가 정의로운 질서를 향해서 점차 접근해가는 과정을 의미하지만, 정치적 의사결정 과정이 공중의 비판적인 검토에 열려 있는 것은, 그러한 질서에 가까이 가기 위한 불가결의 조건이다. "진리가 아니라 권위가 법을 만든다"라는 홉스(Thomas Hobbes)의 명제는 여기에서 완전히 역전된다. 공개성이 초래하는 공중의 비판적 논의는 무질서가 아니라 질서의 원인으로 재인식되는 것이다.

2 . 시 민 적 공 공 성

『공공성의 구조전환』은 하버마스가 칸트로부터 얻은 두 개의 키워드, 즉

'의사소통의 자유'와 '비판적 공개성'을 축으로 논의가 전개되고 있다고 볼 수 있다. 이 책이 제기한 '시민적 공공성' 개념에 대해서는 이미 많은 소개와 해설이 있기 때문에 중요한 것만 확인하는 데 그치도록 하자. 즉 시민적 공공성은 기본적으로 '공권력에 대한 비판적 영역'으로 위치되어 있고, 하버마스 자신도 말하듯이 자유주의적 모델의 특징을 농후하게 띠고 있다. 시민적 공공성의 행위자(actor)는 시장의 재산가들이고, 그들의 목적은 국가의 활동에 한계선을 긋고 자의성을 제어하는 데 있다. 이 책에서 말하는 '시민사회'(die bürgerliche Gesellschaft)란 '시장사회'를 말하는 것이고, '정치적 지배의 합리화'란 사회의 자율성을 확보하는 것에 다름 아니다. 시민적 공공성은 정치권력의 외부에 위치하여 그것을 바깥쪽에서 견제하는 심급이고, 그 주요한 관심은 '사적 자율', 즉 정치권력으로부터의 자유에 있다.

1870년대 이후 시민적 공공성은 후기 자본주의가 진전됨에 따라 붕괴의 길을 걸어간다. 국가로부터 시민사회의 분리라는 전제가 국가의 개입에 의해서 사라졌기 때문이다. 이미 보았던 것처럼 화폐매체와 권력매체가 융합하고, 그것들이 공공성을 조작의 공간으로 바꾸어버리기에 이르렀다. 그러한 공공성의 왜곡에 대하여 『공공성의 구조전환』이 내놓은 처방전은 아직 완전히 고갈되지 않은 '비판적 공개성'의 잠재력을 발굴하여, 그것을 '조작적 공개성'이라는 현 추세에 대항시킨다는 것이었다. 즉, '비판적 공개성'의 원리를 시민사회에 대한 국가의 권력행사에 적용할 뿐만 아니라, 이제는 경제적 권력이 정치적 권력으로 번역되어가는 과정에 대해서도 그 원리를 적용하려는 것이다. 하버마스가 이 시점에서 구상한 것은 유력한 조직(대중매체 포함)의 구성원이 조직 내의 민주주의를 확립함으로써 조직과 조직 사이, 조직과 국가기구 사이에서의 권력의 교환 과정을 제어해간다는 프로그램이었다. 공공적 공간의 재생에 대한 희망은 조직에 편입된 모든 개인이 자기 조직을 내부로부터 민주화시켜가는 노력에 달린 것이다.

그 후 하버마스는 공공성의 공간을, 조직이해가 경합하는 경제적 영역으로부터 분리하는 방향으로 프로그램을 재편성해간다. 그러한 방향 전환에도 영향을 준 '시민적 공공성' 개념에 대한 비판 가운데 중요한 것은 다음과 같다. 첫째, 시민적 공공성의 실질은 부르주아의 공공권이고, 그것은 처음부터 절대주의의 공권력과 궁정(宮廷) · 교회 등의 문화적 권위에 대항하는 한편, 보다 열등한 공공권(지방이나 도시 하층의 '인민적 공공권' 같은 것)을 억압하는 관계에 있었다는 것. 둘째, 이러한 시민층의 공공권에는 근대가부장제 이데올로기가 깊이 각인되어 있어 여성의 배제(여성의 '주부화')는 이 공공권의 존립에 있어서 본질적인 의미를 가지고 있었다는 것. 셋째, 그러한 '공공권의 타자'를 배제하는 시민적 공공성은 대내적으로는 등질의 일차원적인 공간이었다는 것.

『공공성의 구조전환』에서 묘사하는 시민사회＝시장사회는 애덤 스미스가 말하는 '자연적 자유의 체계'에 매우 가깝다. 그것은 공권력의 자의적인 개입으로부터 사수되고 있을 뿐만 아니라, 경제적 권력의 내부적 불균형에서도 벗어나 있다. 지금은 이급시민의 지위에 만족하고 있는 사람들도 '권력과 근면과 행운'만 있다면, 재산가＝일급시민의 지위를 획득할 수 있다. 독서하고 토론하는 비판적인 시민은 동시에 국민문화의 주요한 담당자이기도 하다는 점은 차치하고서라도, 이렇게 묘사된 시민사회는 너무나도 균질하다. 정치적 항쟁은 오로지 시민사회와 국가 사이에 존재하고, 시민사회 내부에는 존재하지 않는다. '시민적 공공성' 개념의 최대 난점은, 그것이 공공적 공간으로부터 권력의 비대칭성과 가치 대립의 계기를 제거해버렸다는 점이다. 공공성은 항쟁의 계기를 내포하는 이질적인 공공권으로 구성된 다의적인 공간으로서는 파악되고 있지 않다. 사람들 사이에 형성되는 공공성의 공간을 탈–정치화하는 경향은 하버마스 사상의 한 특징이다.

『공공성의 구조전환』 초판으로부터 대략 30년 후에 쓴 「신판 서문」이나 『사실성과 타당성』에서는 공공성의 위치가 크게 변화되어 있다. 그것은 비국가적일 뿐만 아니라 동시에 비시장적인 영역으로서의 '시민사회'(Zivilgesellschaft)이다. 이런 의미에서의 시민사회를 형성하는 것은 "자유의사에 기반한 비국가적 · 비경제적인 결합"이다. 시민사회의 다양한 결사(結社)가 정치적 의사형성을 위한 담론 공간으로 기능할 때, 그것은 '공공권'이라 불린다. 그 안에는 행정 시스템이나 경제 시스템과 거리가 가까운 것(정당이나 업계 단체 따위)도 포함되지만, 하버마스가 중시하는 것은 두 시스템으로부터 (상대적인) 자율성을 유지하는 '자율적 공공권'(die autonome Öffentlichkeiten)이다(예를 들면 시민포럼 · 시민운동 · 비영리단체 · 자원봉사단체 등).

『공공성의 구조전환』과 비교하면, 정치적 공공성의 담당자가 변화하고 있음은 명료하다. 그것을 담당하는 것은 이미 '조직화된 집단의 구성원'이 아니라, '자발적으로 결사에 모인 모든 개인'이다. 조직에 의거한 민주주의로부터 결사에 의거한 민주주의로 구상이 전환되는 이유는, 한편으로 이성을 공공적으로 사용하기에는 지나치게 두꺼운 조직 이해의 벽에 대해 재인식하게 되었고, 다른 한편으로 1960년대 말 이후에 형성되고 정착된 대항문화와 '새로운 사회운동'(부의 분배가 아니라 '생활형식의 문법'을 쟁점으로 하는 페미니즘, 에콜로지, 반핵 · 반원자력 등의 운동)에 대해 인식하게 되었기 때문이다. 물론 '비판적 공개성'의 이념이 방기되는 것은 아니지만, 공공성의 과제는 국가나 유력한 조직의 활동에 대한 비판적인 감시로부터 토의를 통한 적극적인 정치적 의사형성, 정치적 어젠다의 설정으로 이동한다. 자유주의에서 공화주의(republicanism, 비국가적인 차원에서 정치적 자치의 실천을 중시하는 사상)로 중심이 이동된다고 해도 좋을 것이다. '사적 자율'(정치적 권력의 제약에 의한 개인적 자유의 확보)로부터 '공공적 자율'(정치적 자유의 실천에 의한 정치적 권력의 창출)로 역점이 변화되는 것이다.

『사실성과 타당성』에 의하면, 정치적 공공성은 "사회 전체에 관계되는 모든 문제를 감지하여 주제화"하는 역할을 수행한다. 이렇게 설정된 문제는 자율적 공공권에서 토의를 거쳐, 공공성의 공간을 향해 폭넓게 제기되어간다. 거기서 공공적인 쟁점으로서 일반적으로 인정되게 되면, 그것은 '정치 시스템'(회의 등, 의사결정이 실시되는 '제도화된 공공권')에서 어젠다가 되어간다. 즉, 정치적 공공성은 여러 가지 공공권이 '의사소통 권력'(반성에 매개된 논의의 힘)을 형성하고, 그것을 정치 시스템을 향해 출력하는 공간으로 위치하게 된다. 이 논점은 두 개이다. 첫째, '행정 권력'은 경제적 권력 등의 다른 권력에서 나오는 것이 아니라, '의사소통 권력'만을 그 발생원(源)으로 해야 한다는 것. 둘째, '의사소통 권력' 그 자체가 의사결정 권력이 되어야 하는 것은 아니라는 점이다. 의사결정은 정치 시스템의 차원에서 이루어져야 하고 정치적 공공성은 의사형성=공론형성의 틀안에 머물러야 한다.

하버마스가 우려하는 것은 직접민주주의가 포퓰리즘(Populism)(충분한 논의 과정을 거치지 않고 지배적인 상징이나 분위기에 순응해서 급속하게 의사가 형성되고 결정되는 정치)에 빠질 가능성이다. 이러한 우려는 결코 부당하지 않지만 그것과 더불어, 정치적 공공성과 정치 시스템 사이의 제휴가 약해지고, 후자가 전자로부터 자신을 분리하여 자기전개를 시작하는 사태도 고려되어야 할 것이다. 직접민주주의가 오류에 빠질 수 있는 것과 마찬가지로 간접민주주의도 오류에 빠질 수 있다. 중요한 것은 어느 한쪽을 택하는 것이 아니라, 둘 다 빠질 수 있는 오류를 유효하게 견제하고 수정할 수 있는 제도를 고안해가는 것이다. 정치문화의 질에 따라 다르지만 지금까지 대의제 민주주의의 우위를 지지해온, 지식과 정보의 격차라는 전제는 이미 자명한 것이 아니게 되었다(Ian Budge, *The New Challenge of Direct Democracy*, Cambridge: Polity Press, 1996).

3. 합 의 형 성 의 공 간

종종 지적되고 비판되듯이 하버마스는 공공권의 이상적 모습을, 합의를 형성해가기 위한 토의의 공간으로 파악하고 있다. 토의는 '보다 나은 논거'(이유 대기)가 가지는 힘 이외의 모든 권력의 작용이 무효가 되는, 의사소통의 반성 형태이다. 거기서는 돈에 의지하는 것이나 권력의 제재를 이용하는 것은 물론 금지되고 있고, 그뿐만 아니라 '모두가 그렇게 하기 때문'이라든가 '그것이 당연하다'라는 식으로 기존의 문화 코드에 호소하는 담론도 효력을 잃는다. 토의에 참가하는 자는 보다 합리적이라고 생각되는 논거만을 받아들이고, 그것을 의사형성의 동기로 삼아야 한다. 참가자가 그러한 '합리적 동기부여'를 가지는 한, 불합리한 논거는 서서히 사라지고, 결국은 참가자 사이에 일정한 합의가 형성될 터이다. 도덕규범의 타당성이나 정치권력의 정통성은 그러한 합의에 근거하지 않으면 안 된다는 것이다.

확실히 토의는 기본적으로 합의의 산출을 목적으로 하는 의사소통이다. 그러나 하버마스의 토의 개념을 정당하게 평가하기 위해서는 합의 형성의 이면에도 눈을 돌릴 필요가 있다. 즉 기존 '합의'의 비판적 해체라는 측면이다. 토의에서는 이제까지 통용되어온 규범의 자명성을 괄호치고 그것이 승인될 만한 타당성을 가지는지를 다시 문제 삼는다. 현재의 규범을 비판적으로 검토하여 '미리 준비된 동의'를 해체할 기회도 열려 있다.

그러한 한, 토의는 기존의 권력관계를 반성하는 '공동의 학습과정'이라는 측면을 가진다. 이 학습과정은 참가자의 시점에서 보면, 자신이 이제까지 품어온 도덕적 확신, 정치적 판단, 가치 기준이 타자의 비판에 노출되는 과정이다. 자기 자신에 대한 비판적 거리의 획득은 독백(monologue) 속에서 혼자 힘으로 이룰 수 있는 것이 아니라, 타자와의 현실적 대화를 필요로 한다. 칸트가 내건 계몽＝공공성의 프로젝트는 이와 같이 계승된다.

하버마스의 논의를 끝까지 밀고 나가면 비판·반성의 과정과 합의 형성의 과정이 병행한다는 보증은 사라져버릴 것이다. 기존 '합의'의 비판적 해체가 새로운 합의의 형성으로는 진행되지 않으며, '보다 좋은 논거'인가를 판단하는 척도, 즉 무엇을 합리적이라고 하는가의 기준 자체가 논제화될 것이다. 토의는 투명한 합의에 수렴되는 대신에 아포리아(aporia)[8]를 산출할 터이다. 그러한 아포리아는, 당면한 집합적 의사결정을 피할 수 없는 상황에서는 잠정적인 타협을 형성함으로써 건너뛸 수밖에 없을 것이다('타협'이라 해도 힘의 균형을 꾀하는 전략적 교섭의 산물이 아니라, '합리성'을 둘러싼 가치해석의 복수성을 일의적[一義的]인 것으로 억지로 해소하지 않고 논의가 미완임을 서로 이해한다는 의미이다[이 점에 관해서는 히라이 료스케(平井亮輔), 「타협으로서의 법: 대화적 이성의 재편을 향해서」, 이노우에 다쓰오(井上達夫) 외 엮음, 『법적 사고의 재정위』, 東京大學出版會, 1999년을 참조]). 토의에서 합의를 산출하는 것 이상으로 중요한 것은 논의의 계속(재심 가능성)을 보증하는 절차를 유지하는 것이다.

하버마스는 이러한 문제를 잘 알고 있으면서도 공통적 확신의 비판적 해체가, 그것을 대신하는 새로운 확신의 형성으로 이루어지는 것처럼 토

---

8 철학용어로서, 대화법으로 문제를 탐구하는 과정에서 부딪치게 되는 해결할 수 없는 어려운 문제를 뜻한다. 하지만 이 문제는 해결하지 못하고 버려지는 것이 아니라 다른 방법이나 관점에서 새로이 탐구하는 출발점이 된다.

의의 과정을 묘사했다. 합의 형성의 계기가 비판·반성의 계기보다 우선하는 한, 토의는 그것에 참가하는 자를 '정상화하는' 효과를 가진다는 비판은 옳다. 거기서는 '보다 나은 논거'가 무엇을 의미하는가에 대한 지배적인 규정을 이미 소유하고 있는 담론이 헤게모니를 가지고, 그것과는 이질적인 '합리성'을 가진 담론은 그 장(場)에 머무르는 한, 합리성에 관한 '정상적' 규정을 받아들이기를 요구받기 때문이다. 역설적으로 현재 규범의 타당성을 비판적으로 검토해야 할 '학습 과정'은 스스로를 '정상화'한다는 의미에서의 '학습 과정'도 된다.

하버마스의 의사소통이 차이(화)를 억압한다는 비판은 포스트모더니즘의 주창자 장 프랑스와 리오타르(Jean Francois Lyitard) 등에 의해 여러번 반복되어왔다. 여기서는 그러한 논쟁을 상세히 파고들 필요는 없다. 그 이유는 한쪽이 합의의 형성, '공약 가능한 것'의 형성이 불가피함을 강조하고, 다른 한쪽이 합의의 해체, '공약 불가능한 것'(paralogy)의 창출과 발견을 주장하는 한, 양자의 논의는 어떤 지점에서 어긋나지 않을 수 없기 때문이다. 이처럼 논의가 어긋나는 것을 피하기 위해서는 의사소통에는 단수의 양식밖에 없는 것이 아니라 맥락에 따른 복수의 양식(토의·수사학·이야기·인사말 등등)이 있다는 인식이 필요하다. 하버마스가 초점을 맞추듯이, 잠정적인 합의의 형성과 오류의 가능성이 있는 의사결정을 피할 수 없는 맥락은 확실히 있다. 거기서는 현재의 주제에 관해서 더욱 타당한 논거를 식별하기 위한 규범적·비판적 기준은 확실히 불가결하다. 문제는 하버마스가 그러한 정치적 의사결정을 둘러싼 의사소통에서도 의견의 복수성을, 초월해야 할 여건으로 간주함에 있다. 토의는 합의가 형성되는 과정임과 동시에 불합의가 새롭게 창출되어가는 과정이기도 하다. 합의를 형성해가는 것과 합의되지 않는 지점을 드러내는 것은 모순되지 않는다. 열린 토의가 의미 있는 것은 합의되지 않는 곳에 공공의 주목이 향해지기 때문이다. 의사결정의 '오류 가능성'(fallibility)을 중시한다는 것은, 의사형성 과정 자체에서 합의되지 않는 것에 의도적으로 주목하게 하는 것이기도 하기 때문에, 형성된 합의에 대한 외부로부터의 비판을 기다리는 것에만 그치는 것은 아니다.

제4장
복수성과 공공성

1. '현상'의 공간

아렌트와 하버마스의 공공성론은 관점에 따라서는 서로 겹치는 부분이 상당히 많다. 실제로 하버마스의 '의사소통 행위'와 '도구적 행위'의 비교는, 아렌트의 '행위'(action)와 '노동'(labor), '제작'(work)의 구별에 근거한 것이다. 또 앞에서 다루었던 '의사소통 권력' 개념도 권력을 폭력이나 강제력으로부터 준별하는 아렌트의 생각("권력은 공동의 행위[joint action]와 공동의 협의[joint deliberation]에서 생겨난다"[홍원표 옮김, 『혁명론』, 한길사, 2004, p. 408])에서 착상한 것이다. 똑같이 공공성을 말 이외의 힘을 배제한 담론의 공간으로서 규범적으로 묘사하는 아렌트와 하버마스의 차이점은 어디에 있는가?

하버마스는 아렌트를 다룬 어떤 논고에서 다음과 같이 말하고 있다. "정치적인 것의 개념은 정치권력을 둘러싼 전략적 경쟁이나 정치조직에서의 권력 행사에까지 확장되어야 한다. 한나 아렌트가 말한 것처럼 공동으로 행위하기 위하여 서로 이야기를 주고받는 사람들의 실천(praxis)과 정치가 동일할 수는 없다"(고마키 오사무[小牧治]·무라카미 다카오[村上隆

夫] 옮김, 『철학적·정치적 프로필』[상], 未來社, 1984, p. 347). 하버마스의 비판은 확실히 아렌트의 '정치적인 것'에 어떤 차원이 결여되어 있는가를 적확히 지적하고 있다. 그러나 문제는 아렌트가 말한 '정치적인 것'의 의미를 그가 이해했는가에 있다. 결론을 단적으로 말하면 하버마스는 아렌트의 공공성을 공통의사의 형성 공간으로 환원해버리고 있다. 그가 『사실성과 타당성』에서도 여전히 아렌트를 오로지 공화주의 사상가, 즉 국가로 회수되지 않는 정치적 공간에서 공공적 자유의 실천을 강조하는 사상가로 보고 있는 것은 그 때문이다. 사람들이 '서로 이야기하는' 것은 '공동으로 행위하기 위한' 것만은 아님을 하버마스는 완벽하게 이해하지 못한 것이다.

아렌트에게 공공성은 두 가지 차원, 즉 '현상의 공간' 및 '세계'와 관련된다.

'공공적'(public)이라는 용어는 서로 밀접하게 관련되어 있으나 완전히 일치하지 않는 두 현상을 의미한다. 이 용어는 첫째, 공중 앞에 나타나는 모든 것은 누구나 볼 수 있고 들을 수 있으며 그러므로 가능한 가장 폭넓은 공개성(publicity)을 가진다는 것을 의미한다. 우리에게는 현상(우리 앞에 나타나고 있으며, 그것이 나뿐만 아니라 다른 사람에 의해서도 하나의 현상으로 지각되는 것)이 현실성을 구성한다. [……] 두 번째로 '공공적'이라는 용어는 세계가 우리 모두에게 공동의 것이고, 우리의 사적인 소유지와 구별되는 세계 그 자체를 의미한다. 그것은 차라리 인간이 손으로 만든 인공품과 연관되며, 인위적 세계에 거주하는 사람들 사이에 일어나는 사건에 관계한다. 세계에서 함께 산다는 것은 본질적으로, 탁자가 그 둘레에 앉는 사람들 사이에 자리잡고 있듯이 사물의 세계도 공동으로 그것을 취하는 사람들 사이에 존재한다는 것을 의미한다. 모든 '사이'(in-between)가 그러하듯이 세계는 사람들을 맺어주기도 하고 동시에 분리시키기도 하는 '사이'이다. (한나 아렌트, 이진우·태정호 옮김, 『인간의 조건』, 한길사, 1996, pp. 102~105)

'세계'라는 의미에서의 공공성에 대해서는 잠시 미뤄두고, 우선 '현상의 공간'(the space of appearance)으로서 공공성의 의미를 조금 깊게 살펴보자. 그것은 사람들이 행위와 논의에 의해 서로 관계하는 지점에서 창출되는 공간, "내가 타자와 대면해서 나타나고 타자가 나와 대면해서 나타나는 공간"이다. "현상의 공간은 사람들이 함께 모이는 곳에는 어디나 잠재적으로는 존재한다. 그러나 그것은 어디까지나 잠재적인 것이고, 필연적인 것도 아니고 영원한 것도 아니다"(『인간의 조건』, pp. 261~262). 이 공간은 사람들 사이에서 행위나 논의가 교환되는 한 존속하는 것이지 결코 영속하는 것은 아니라는 점은 이해된다고 하더라도, '잠재적으로는'이라는 한정은 어떻게 이해해야 하는가? 사람들 사이에 '현상의 공간'이 성립하기 위해서는 어떤 조건이 필요한 것인가? "모든 사람들은 행위할 수 있고, 말할 수 있다. 그럼에도 불구하고 대부분의 사람은 현상의 공간 안에서 살고 있지 않다"(『인간의 조건』, 같은 곳, 강조는 인용자).

이것을 이해하기 위해서는 아렌트의 '누구'(who)와 '무엇'(what)의 구별을 파악해둘 필요가 있다. '무엇'은, 예를 들면 남성인가, 중년인가, 부친인가, 공무원인가…… 하는 방식으로 그려지는 어떤 사람의 '정체성'이다. 이러한 '속성' 혹은 '사회적 지위'(뒤에 나올 '사회적인 것'의 문제 가운데 하나는 "개인을 언제나 사회구조 내의 그들의 지위와 동일시하는" 것에 있다[『인간의 조건』, p. 93]) 등으로 묘사될 때, 그 사람은 타인과 공약 가능한 위상에 놓여 있다. 어떤 사람은 '무엇'이라는 위상과 관련되는 한 타인들과 교환 가능하다. "대부분의 사람들이 현상의 공간 안에 살지 않는"다는 것은 우리가 대부분의 경우 서로를 '무엇'으로서 처우하는 공간 안에 살고 있기 때문이다. 그러한 공간을 '현상의 공간'과 대비하여 '표상의 공간'(the space of representation)이라고 부르자. '표상'은 타자의 행위나 논의를 '무엇'이라는 위상, 즉 타인과 공약 가능한 위상, 교체 가능한 위상으로 환원하는 시선이다. 표상의 시선으로 보는 한, 나는 타자 앞에 '나타나는' 것이 불가능하다. 표상이 지배하는 정도만큼 '현상' 가능성은 봉쇄되는 것이다.

일본인이라는 표상, 아이누[9]라는 표상, 여성이라는 표상, 장애인이라는 표상, 노인이라는 표상, 동성애자라는 표상, 노숙자라는 표상……. 표상을 가지고 타자를 바라보는 것, 혹은 표상을 통해 타자에게 보여지는 것은 우리에게도 지극히 일상적인 경험이다. 게다가 표상의 시선은 정치적·경제적·사회적·문화적·신체적으로 우위에 있는 사람들이 열위에 있는 사람들에게 부정적인 정체성을 부여하는 것과 밀접하게 결부되어 있는 경우가 대부분이다. 그것은 표상을 통해 보여지고 부정적 정체성을 각인 받은 사람들에게는 심신에 깊은 상처를 주는 폭력의 명백한 원천이기도 하다. 그러나 우리는 그러한 표상의 폭력을 항상 어느 정도는 가지고 산다. 왜냐하면 우리는 우리가 만나는 타자를 늘 어떤 방식으로든 표상하고 있으며, 이 '표상의 공간' 바깥으로 완전하게 벗어나는 것은 불가능하기 때문이다. '현상의 공간'이 가능하다고 해도, 그것은 '표상의 공간' 너머에 존재하는 것은 아니다.

아렌트는 공공적 공간을 "사람들이 자신이 누구(who)인가를 리얼하고도 교환 불가능한 방법으로 보여줄 수 있는 유일한 장소"(『인간의 조건』, p. 94)로 정의한다. 혹은 다음과 같이 말한다. "사람들은 행위하고 말하는 것 안에서 자신이 누구인가를 내보이고, 세상에서 하나밖에 없는 그 사람의 정체성

---

9 홋카이도·사할린·쿠릴 열도에 거주했지만 현재는 주로 홋카이도에 거주하는 원주민.

을 능동적으로 드러내며 인간 세계에 현상한다"(『인간의 조건』, p. 239).

'누구'라고 하는 '정체성'은 그 사람의 행위나 말과 별도로 존재하는 것이 아니다. 그런 의미에서 '드러내다'(reveal)라는 아렌트의 표현은 오해를 불러일으키기 쉽다. 어떤 사람의 고유한 정체성이 먼저 존재하고, 그것이 말이나 행위를 통해 표현=외화된다는 식으로 들리기 때문이다. 이미 '사고'를 다루면서 말했던 것처럼, 아렌트가 묘사한 자기의 내부 공간은 다의적이고, 거기에는 고유한 일의적 정체성이라는 것은 존재하지 않는다. 행위나 말이 다른 것으로 환원 불가능한 것이라고 판단하는 것은 행위자가 아니라 그것을 보고 듣는 타자이다. '누구'라는 정체성은 행위나 말에 대한 타자의 응답("하나이고 교환 불가능하며 일의적인 것으로 나를 인식하고, 나에게 말을 거는"[『전체주의의 기원』(2), p. 280] 타자의 응답)으로 비로소 생성된다. 정체성은 타자의 존재를 요구한다.

아무개가 어떤 사람인가 하는 그의 속성, 즉 그가 드러내거나 감출 수 있는 그의 특성, 재능, 능력, 결점과는 달리 아무개가 도대체 누구인가 하는 그의 인격은 그가 말하고 행위하는 모든 것을 통해 드러난다. 완전한 침묵과 수동성에서만 인격은 은폐될 수 있다. 그러나 자신의 성질을 소유하고 처분하는 방식으로 인격을 소유하고 처분할 수는 없는 것처럼, 인격의 현시는 의도적으로 는 할 수 없다. 반대로 타인에게 분명하고 착오 없이 나타나는 인격이 자신에게는 은폐되기 쉽다. 이것은 마치 한 사람을 일생 동안 동행하는 그리스 종교의 다이몬처럼 뒤에서 어깨너머로 바라보기 때문에 각자가 조우하는 사람들만 볼 수 있는 것과 같은 것이다. (『인간의 조건』, p. 240)

어떤 타자가 우리 앞에 '누구'로서 나타나는 것은, 우리가 그 타자에 대해서 하고 있는 예측이 엇나가고 우리의 '표상의 공간'에 균열이 생길 때이다. 타자에 대한 완전한 예측을 포기하는 것이 '현상의 공간'을 생기게 하는 조건이다. 예측한다는 것은 미리 결정한다는 의미를 포함한다. 미리 결정해버리지 않는 것이, 타자가 '누구'로서 나타나기 위한 조건, 즉 타자의 자유의 조건인 것이다.

> 가장 일반적 의미에서 행위한다는 것은 '이니셔티브(initiative)를 쥐다', '시작하다', [……] '어떤 것을 움직이게 하다' 등을 의미한다. 사람들은 시작(initium)이기 때문에, 이니셔티브를 쥐고 행위하게 된다. "…… 인간이 창조되었을 때 그것은 '시작'이고 그 이전에는 아무도 없었다"라고 아우구스티누스는 자신의 정치철학에서 말했다. 이 '시작'은 세계의 '시작'과 같지 않다. 이것은 '무엇'의 '시작'이 아니라, '누구'의 '시작'이며, 이러한 '누구' 그 사람이 시작하는 사람이다. 인간의 창조와 더불어 '시작'의 원리도 세상에 존재하게 되었다. 이것은 인간이 창조되었을 때 비로소 자유의 원리도 창조되었다는 것의 다른 표현이다. (『인간의 조건』, pp. 237~238)

'현상의 공간'은 타자를 유용성 여부로 판단하는 공간이 아니다. 그것은 어떤 필요의 유무로 타자를 판단하는 공간도 아니다. '현상의 공간'은 타자를 하나의 '시작'으로 여기는 공간, 다른 조건을 전혀 상관하지 않고 타자를 자유로운 존재자로 처우하는 공간이다. 타자를 자유로운 존재자로 처우한다는 것은 타자를 비—결정의 위상에 두는 태도, 예기치 않았던 것을 기다리는 태도를 요구한다.

'현상의 공간'은 '누구'에 대한 주목이 '무엇'에 대한 표상으로써 완전하게 폐기되지는 않는 조건 하에서 생긴다. 그것은 예기치 않은 것에 대한 기대가 존재한다는 의미로, 일종의 극장적인 공간이다. 거기서는 개개의 말과 행위(performance)에서 타자의 현상에 주목하는 '관객들'(spectators)

이 그 자리에 있다.

　　모든 문명인들과 마찬가지로 그리스인은 인간의 행동(behavior)을 '도덕적 기준들'에 따라 판단하였는데, 한편으로는 동기와 의도들을 다른 한편으로는 목적과 결과들을 고려하였다. 이와는 달리, 행위(action)는 오직 위대성 (greatness)의 기준으로만 판단할 수 있다. 왜냐하면 행위는 본질상 일반적으로 수용되는 것을 파기하여 예외적인 것에 이르는 것이기 때문이다. 일반적으로 그리고 일상에서 참인 것은 무엇이나 이것에 적용되지 않는다. 왜냐하면 존재하는 모든 것은 고유하며 유일의 것(sui generis)이기 때문이다. [······] 위대성 또는 개별적 행위의 고유한 의미는 행동 그 자체에 놓여 있지 그것의 동기나 결과에 있는 것은 아니다. (『인간의 조건』, pp. 268~269)

이 글에서도 엿볼 수 있듯이 아렌트는 '현상의 공간'을 미적인 공간으로서 묘사하는 경향이 있다. 그 자체는 잘못된 것이 아니다. 왜냐하면 '누구'의 '현상'을 평가하는 데 상응하는 척도는 선-악이나 정-부정이라는 일반화 가능한 기준일 수 없기 때문이다. '누구'는 '무엇'과는 다르게 공약(共約) 가능하지 않다. 그것은 내가 자신의 것으로 할 수 없는 것이고, 또 타인에게도 귀결시킬 수 없는 것이다. '현상의 공간'은 내가 소유할 수 없는 것, 우리가 공유할 수 없는 것에 대한 관심에 의해 성립된다. 공약 불가능한 것, 일반화 불가능한 것은 미적인 척도에 의해 평가할 수밖에 없다. 아렌트의 문제는 '특별함'을 '걸출함'과 동일시하는 경향이 있다는 점이다. 그녀는 '현상의 공간'을 자주 '아곤'(agon)의 공간에 비유한다. '아곤'이란 고대 그리스, 더 거슬러 올라가 민주정치 이전으로 소급되는 귀족정치의 시대에 전성기를 구가했던 무예나 문예를 치열하게 겨루는 '기예 겨루기'를 의미한다. 아렌트는 '아곤'을 타자를 능가하려는 탁월(arete)에

의 열정이 충일한 장소로 묘사한다. 탁월함을 기준으로 차이를 강조하는 한, 이 공간은 확실히 '영웅적인 개인주의'(세일라 벤하비브[Seyla Benhabib])의 특징을 농후하게 띠고 있다. 그러나 그런 '특별함'을 '걸출함'과 강고하게 결부시켜 '현상의 공간'을 묘사해야 할 필연성은 없다.

타자의 현상에 흥미를 갖는 것은 우리가 그 타자가 아니기 때문이다. 우리는 타자의 삶을 살 수 없기 때문에 타자의 행위와 말을 보고 들으려고 하는 관심을 가지는 것이다. '현상의 공간'을 성립시키는 것은, 타자의 '세계'(오해 없도록 말하면 그것은 앞으로 다룰 '공통세계'는 아니다)의 한 자락이 드러나는 것, 그러한 세계 개시(世界開示)에의 욕구이다. '현상의 공간'에서 우리는 완전하게 비대칭적인 위치에 있다(이 경우의 비대칭성은 누구도 결코 타자의 위치를 차지할 수 없고 위치 교환이 불가능하다는 의미이다). 따라서 그 사람의 '세계'(공간적 차원과 함께 시간적 차원을 포함하는)는 그 사람 자신에 의해 보여질 수밖에 없다. 공공성의 이러한 차원에서는 우리가 그 사람의 '세계'를 표상(represent)하는 것이 불가능하므로 그 사람을 대리=대표(represent)하는 것도 불가능하다.

2 . 공통세계와 의견의 교환

아렌트가 말하는 공공성에는 '현상의 공간'과는 다른 또 하나의 차원이 있다. 그것은 '공통세계'에 대한 관심으로 성립되는 공공성('공통세계로서의 공공적 영역')이다. 이 경우에는, '현상의 공간'에서의 타자성에 대한 관심과 대비하면 우리 '사이'(in-between)에 있는 세계에 대한 관심이 공공적 공간의 매체가 된다.

아렌트는 '세계'라는 말을 이중의 의미로 사용하고 있다. 그것은 '제작'에 의해 만들어진 인위적 세계(human artifice)를 의미함과 동시에 '행위'에 의해 형성되는 인간적인 세계(human affairs)(인간관계의 '그물'[the 'web' of human relationships])를 의미한다. 여기서 다루는 것은 두 번째 의미에서의 '공통세계'이다. '공통세계'의 공공성이 성립하기 위한 조건은 두 가지이다. 첫째로 세계에 대한 다양한 관점을 잃지 않는 것, 둘째로 사람들이 그 사이에 존재하는(inter-esse) 것에 대한 관심을 잃지 않는 것이다.

공공적 영역의 현실성은 수많은 측면(aspect)과 관점(perspective)이 동시에 존재한다는 사실에 기초해 있다. 이러한 측면과 관점 속에서 공통세계는 자신을 드러내지만, 이것들에 공통적으로 적용되는 척도나 공통분모는 있을 수 없다. 이 공공적 영역의 현실성은 모든 욕구(needs)를 충족하는 공통분모로서의 화폐를 유일한 기초로 삼은 '객관성'과는 다르다. 공통세계가 모두에게 공통의 집합장소를 제공할지라도, 여기에 모이는 사람들의 위치는 상이하다. 두 대상의 위치가 다르듯이 한 사람의 위치와 다른 사람의 위치는 일치할 수 없다. 타자에 의해 보여지고 들려진다는 것이 의미가 있는 것은 각자 다른 입장에서 보고 듣기 때문이다. 이것이 공공적 삶(public life)의 의미이다. (『인간의 조건』, pp. 110~111)

공공적 공간은 공통세계에 대한 다원적인 관점이 존재할 때에만 그것들이 서로 교환되는 공간으로서 의미를 가진다. 따라서 관점의 복수성을 잃었을 때, 공공적 공간은 종언을 맞이한다. 세계를 오직 하나의 관점으로 남김없이 설명하는 전체주의 이데올로기가 그러한 복수성을 파괴하는 것은 말할 것도 없지만, 『인간의 조건』에서 아렌트가 염두에 두는 것은 전체주의라기보다도 대중사회 · 소비사회의 획일주의(conformism)이다. 거기서는 단일하고 절대적인 이데올로기에 의한 균일화 때문에 복수성이 폐기되는 것은 아니다. 공통세계 자체에 대한 관심이 사라지고, 그것을 둘러싼 판단이 회피되는 냉소주의(cynicism)가 관점의 축소를 초래하고 있는 것이다. 아렌트는 아돌프 아이히만(유태인 이송 책임자인 나치스 친위대 관료)의 '사고 상실'(자립적인 사고와 타자의 입장에 선 사고의 누락)을 형용한 '악의 평범성'(the banality of evil)이라는 말을 사용하여 동시대의 어떤 추세를 특징짓고 있다. "매우 흔한 현대의 현상, 즉 판단을 전적으로 거부한다고 하는 광범한 경향 [……] 자신의 범례(example), 자신이 함께 하고 싶다고 바라는 것(company)을 선택하는 것에 대한 주저·무능력, 그리고 판단을 통해 타자와 관계하는 것에 대한 주저·무능력으로부터 진정한 걸림돌이 발생한다. [……] 이 점에서 공포가, 그리고 그것과 더불어 악의 평범성이 존재한다"("Some Questions of Moral Philosophy", in *Hannah Arendt Papers*).

'세계에 대한 관심'을 대신하고 있는 것은 '생명에 대한 관심'이다. 세계가 사람들 '사이'에 있음에 비해 생명은 사람들 '내부'에 있다. 대중사회에서 공공적 영역의 소멸을 설명하는 것은, 이 세계에 대한 관심의 소멸, 즉 '세계 상실'이다. 아렌트가 보는 한, 근대사회의 인간에게 근본 경험은, 마르크스가 말한 '자기소외'가 아니라 '세계소외'(world alienation)이다. 즉 신앙을 잃은 결과, 세계로 내던져진 것이 아니라 자기 자신과 자기 내부에 있는 생명 과정으로 내던져졌다는 경험이다. 이 생명 과정은 나의 내부에 있을 뿐만 아니라 모든 사람들의 내부에도 있다. 즉 근대 인간이 '세계에 대한 배려'의 상실을 대신해 손에 넣은 것은 엄밀히 말하면 '자기에 대한 배려'가 아니라 만인에게 동일한 '생명에 대한 배려'이다. '생명에 대한 배려'가 곧 공공성의 상실을 야기하는지는 의문의 여지가 있지만, 언어가 사람들 내부에 있는 것(필요나 욕망)을 전달하고 그것을 조정하기 위한 것에만 국한된 빈곤한 도구로 전락하고, 사람들 '사이'에 있는 것에 대한 의견 교환 매체가 아니게 되어버렸다는, 동시대에 대한 아렌트의 진단에는 진실성이 있다.

공공적 공간에서 의견과 의견이 서로 교환되는 모습을 묘사하는 아렌트의 필치는 풍부하다(그것을 '향수'[鄕愁]라고 부를 수 있을지 모르지만, 잃어버린 것을 상기하고 애도하는 것은 현재의 전제[專制]에 대하여 정치적인 힘을 가짐을 염두에 두자).

그(레싱, Doris May Lessing)는 다만 세계의 사건과 그 속의 사물에 대해서 끊임없이 대화함으로써 세계를 인간화시키려는 데 관심을 두고 있을 뿐이었다. [……] 그러한 말은 혼자만으로서는 불가능하다. 그것은 많은 발언이 존재하는 영역, 각자가 무엇을 '진리로 보는가'에 대한 언명(言明)이 사람들을 결합시키고 분리시키는, 즉 그것이 세계를 구성하고 있는 사람들 간에 사실상 어떤 거리를 확립시키는 영역에 속한다. 이 영역 밖에 있는 외부의 모든 진리는 그것이 사람들에게 선한 것이든 악한 것이든 글자대로의 의미에서 비인간적이다. 그러나 사람들을 서로 대립시키고 이반시키기 때문에서가 아니다. 오히려 그와 반대로, 모든 사람을 단일한 의견으로 묶는 결과를 낳게 할 두려움이 있기 때문인데, 그 결과 무한한 복수성을 지닌 사람이 아니고 단수의 인간, 하나의 종족과 그 유형만이 지상에 살고 있는 듯, 다수의 의견 속에서 하나만이 부상되기 때문이다. 만약 그러한 일이 일어난다면, 온갖 다양성을 지닌 사람들 사이의 공간(interspace)에서 형성되는 세계는 사라져버릴 것이다. (한나 아렌트, 권영빈 옮김, 『어두운 시대의 사람들』, 문학과지성사, 1983, pp. 40~41)

이것은 '어두운 시대의 인간성에 대하여'란 제목이 달린 레싱상 수상 강연의 일부인데 아렌트는 레싱의 다음 말로 강연을 맺고 있다. "모든 사람 스스로가 진리라고 생각하는 바를 말하게 하라. 그리고 진리 그 자체는 신에게 맡겨라!"(Jeder Sage, was ihm Wahrheit dünkt, und die Wahrheit selbst Gott empfohlen!) 공통세계를 둘러싼 담론 공간으로서의 공공성으로부터 절대적인 진리는 배제된다. 이 공공성의 공간은 "소진되지 않는 담론의 풍부함"이 향수되는 공간이지, 단수의 진리가 사람들 위에 군림하는 공간이 아니다. 공공성은 진리의 공간이 아니라 의견의 공간인 것이다. 의견은 그리스어로는 'doxa'이다. 의견이란 "나에게는 이렇게 보인다"(dokei moi)라는 세계에 대한 관점을 타자를 향해 말하는 것이다. 세계는 우리 한 사람 한 사람에게 각각 다른 방식으로 열려 있다. 공공적 공간에서 담론의 의미는 이 다름을 서로 분명하게 하는 데 있지, 이 다름을 하나의 합의를 향해 수렴하는 데 있는 것은 아니다. 오히려 이 공간에서는 어떤 한 사람의 관점이 상실되어가는 것이 문제이다.

> 세계로부터의 도피가 반드시 개인을 해치는 것은 아니다. [……] 그러나 각자의 이러한 도피 때문에 세계에 대한 명백한 손실이 일어나게 되었다. 그 손실이란 이 개인과 그의 동료들 사이에서 이루어져야 했던 독특한 가치를 지닌, 무엇으로도 보상할 수 없는 '사이'(in-between)인 것이다. (『어두운 시대의 사람들』, pp. 12~13)

어떤 사람의 의견이 상실된다는 것은 다른 것으로 대체될 수 없는 세계에 대한 관점이 상실된다는 의미이다. 어떤 사람이 공공적 공간에서 떠난다는 것은 그만큼 우리의 세계가 빈약해짐을 의미한다. 왜냐하면 정확하게 말하면 세계 그 자체는 존재하지 않고, '세계는 이렇게 보인다'가 복수로 존재할 뿐이기 때문이다. 의견이란 것은 절대적인 진리도 아니고, 있어도 없어도 괜찮은 단순히 주관적인 견해도 아니다.

의견과 의견이 교환되는 담론 공간에는 여러 가지 의견 사이에 진-위를 식별할 객관적인 기준은 존재하지 않는다. 이 공간은 진리를 찾아내기 위한 공간이 아니기 때문이다. 그렇다고 해서 그것은 모든 의견이 동등하게 타당성을 가진 혼돈의 공간도 아니다. 의견과 의견이 교환되는 과정에서 보다 타당한 의견이 형성될 수 있지만, 거기에는 보편적＝객관적인 타당성과는 다른 타당성의 기준이 존재한다. 아렌트는 칸트의 "넓은 시야의 사고양식"(eine erweiterte Denkungsart)이라는 개념을 사용하면서 이것을 다음과 같이 서술한다.

> 이 확장된 사유방식은 엄격한 고립이나 고독 속에서는 제 기능을 할 수 없다. 이 방식은 타인의 존재를 필요로 한다. 왜냐하면 그것은 '그들의 입장'에서 사유해야 하고, 그들의 관점을 고려해야 하며, 그들이 없다면 작동할 기회조차 갖지 못하기 때문이다. [……] 판단은 특수한 타당성을 부여받고 있지만 결코 보편적으로 타당하지는 않다. 판단의 타당성 요구는 결코 판단하는 사람이 자신의 고려에 집어넣은 타인의 범위 이상으로 확장될 수 없다. (한나 아렌트, 서유경 옮김, 『과거와 미래 사이』, 푸른숲, 2005, pp. 294~295)

의견＝판단을 보다 타당하게 하는 것은, 자신과는 다른 관점을 타자가 가지고 있음을 알고 타자의 관점을 고려하는(그것이 닥치는 대로 감정이입[empathy]을 하는 것은 아니라고 아렌트는 주의를 촉구하고 있다) 것이다. 타자의 입장에 서면 다르게 보일지도 모른다는 가설적인 사고의 폭이, 우리의 판단에 그만큼의 타당성을 부여한다. 그것이 결코 보편적인 타당성에 도달할 수 없는 것은, 우리의 시야에 들어오지 않는 타자가 세계에는 항상 존재하기 때문이다. 거꾸로 말하면 보편적 타당성에 대한 요구는 일종의 오만(hubris)을 수반한다. 보편적인 타당성을 단념하는 것(명확히 보는 것)이, 사람-사이(in-between)의 근원적인 복수성을 폐기하지 않기 위한 조건, "세계를 타자와 공유하기"(sharing-the-world-with-others)(『과거와 미래 사이』, p. 296) 위한 조건이다. 우리는 우리의 주목(attention)의 범위를 뛰어넘을 수 없다는 것. 타자가 존재한다는 것은 이를 의미한다.

3. 사회적인 것에 대한 비판의 함정

아렌트는 '사회적인 것'(the social)의 지배로부터 공공적 공간을 구해내려고 한다. 앞에서 말한 것처럼 '사회적인 것'은 '행위'를 대신해서 '행동'이 사람들에게 '정상적인' 활동양식이 되는 영역이다.

> 결정적으로 중요한 사실은 사회가 모든 발전단계에서 행위의 가능성을 배제한다는 것 [……] 그 대신에 사회는 수많은 다양한 규칙들을 부과함으로써 각 구성원으로부터 일정한 행동을 기대한다. 이것들 모두는 구성원을 '정상화' (normalize)시켜 행동하도록 하는 경향성을 가지며 자발적인 행위나 탁월한 업적을 배제하는 경향을 가진다. (『인간의 조건』, p. 93)

행동이라는 것은 '규칙'을 재생산하는 활동양식, 정상적인 규범에 따른 행동을 통하여 규범의 효력을 한층 더 강화해가는 활동양식이다. 행동은 이미 확립되어 있는 규범적인 의미를 반복(이 반복은 정의[定義]에 어긋남을 발생시키지 않는다)함으로써 그것을 정통화해간다. 아렌트의 우려는 사람들이 정상적인 규범에 따른 행동을 반복함으로써 정치적으로 순종적인 삶의 양식에 길들여지고 만다는 점에 있다. 푸코가 『감시와 처벌: 감옥의 탄생』(1975년)에서 훌륭하게 이끌어낸 '규율권력'의 목표, "경제적인 유용성과 정치적인 순종의 병행적 증강"이라는 목표는 바로 '사회적인 것'의 목표이다. '사회적인 것'의 공간은, 사람들의 행동을 전적으로 그들의 지위로 환원하여 판단하는 표상의 그물망을 조밀하게 펴고 있다. 그것은 '통계학적인 이상'이 이미 실현되어 있는 상황이고, 거기서는 가령 '행위'가 이루어진다고 해도, 그것은 정상적인 것=표준적인 것으로부터의 '일탈'(예기된 편차) 이상의 의미를 갖지 못한다.

'사회적인 것'을 둘러싼 아렌트의 논의가 가진 문제점은, 사회적인 것에 대한 비판을 소위 '전체화하는 비판'으로서 행해버렸다는 데에 있다. '사회적인 것'의 모든 영역을 '행동'에 포섭시킴으로써, '사회적인 것'을 전복하는 '행위'의 가능성은 그 외부로 배제되고 만다. 행위는 공공적 영역에서 고유한 활동양식이 되지만, 이 영역은 '사회적인 것'의 바깥에 위치한다. 정치적 행위는 이 영역 내부에서만 실행되고, 반대로 '사회적인 것'의 영역은 완전히 탈–정치화된다. 이는 사적인 영역에서도 마찬가지다. 그것은 행위가 실행될 수 없는 공간, 노동 또는 일만이 실행되는 장소로서 묘사되는 것이다. 문제는 이미 분명해졌을 것이다. 공공적 영역과 사적 영역은 경직된 이분법으로 절단되고 양자의 경계선을 변경해갈 정치의 가능성은 아렌트 자신에 의해 폐기되고 있다. 정치는 공공적 영역의 내부에 갇히고 만 것이다.

이 점에 대해서는(도) 아렌트에 저항하며 아렌트를 읽을 필요가 있다. 즉 새로운 시작을 끌어들이는 행위를, 정상적인 규범의 단순한 재생산을 방해하고 그 반복을 다른 방향으로 미끄러뜨리는 활동양식으로 해석하는 것이다. 행위는 행동과는 다른 차원의 활동양식으로서가 아니라 행동의 공간 내부에서 부단히 생성되는 활동양식으로 다시 파악할 수 있다. 아렌트 자신도 이렇게 서술하고 있다. "행위는 그것의 구체적 내용이 무엇이든 언제나 [새로운] 관계를 확립시키며, 따라서 모든 제한들을 개방시키고 모든 경계를 횡단하려는 내적 경향을 가진다"(『인간의 조건』, p. 252). 행위를 기존의 경계를 횡단하는 활동양식으로 파악한다면 '사회적인 것'의 영역이나 사적 영역도 행위가 이루어질 수 있는 공간으로 다시 파악될 수 있다(Bonnie Honig, "Toward an Agonistic Feminism : Hannah Arendt and Politics of Identity", in *Feminist Interpretations of Hannah Arendt*, The Pennsylvannia State U. Pr., 1995).

'사회적인 것'은 정상적인 행동의 공간이라는 측면 외에, 또 하나의 측면을 가지고 있다. 그것은 생명·생존의 공간이라는 함의이다. 앞에서 말했듯이, 세계에 대한 관심을 대신하여 생명에 대한 관심이 대두되고 있다는 것이 근대사회에 대한 아렌트의 기본인식이다. "단지 생명을 위해서 상호의존 한다는 사실이 공공적인 의미를 획득하고 단순한 생존에 관련된 활동양식(노동)이 공공적으로 등장하는 곳이 '사회'이다"(『인간의 조건』, p. 99). 근대라는 것은 인간의 생명이 공공적·정치적 의의를 띠게 된 시대, 정치가 아리스토텔레스가 말한 '선의지'(eu zēn)가 아니라 살아가는 것(zēn) 자체를 주제로 하게 된 시대라고 하는 아렌트의 시각은 푸코에게도 있다.

아마 역사상 처음으로 생명의 문제가 정치의 문제에 반영되었을 것이다. [……] 삶의 움직임과 역사의 과정이 서로 간섭할 때 나타나는 압력을 '생-역사'(bio-histoire)라고 부를 수 있다면, 생명과 그 기제들을 명확한 계산의 영역에 편입시켜 '권력-앎'을 인간의 생명에 대한 변화의 동인으로 만드는 것을 지칭하기 위해서는 '생-권력'(bio-politique)에 대해 말해야 할 것이다. [……] 한 사회의 '생물학적 근대성의 문지방'이라고 부를 수 있는 것은 인간이 자신의 정치적 전략에 생명을 일종의 내기돈으로 거는 시기에 자리잡는다. 수천 년 동안 인간은 아리스토텔레스의 눈에 비친 그대로의 존재, 곧 살아 있고 부수적으로 정치적 삶을 영위할 수 있는 동물이어 왔으나, 근대인은 살아 있는 존재로서의 그의 생명 자체가 문제되는 정치 안의 동물이다. (미셸 푸코, 이규현 옮김, 『성의 역사 1: 앎의 의지』, 나남, 1990, pp. 153~154)

아렌트와 푸코에게 근대라는 것은 정치적인 삶(bios politikos)이 생명을 초월한 곳에 존재하는 시대가 아니라 생명이 정치의 주제가 되는 시대이다. 물론 생명과 정치의 관계를 둘러싼 아렌트와 푸코의 인식에는 몇 가지 무시할 수 없는 차이도 있다. 가장 중요한 차이는 푸코가 개개인의 신체와 국민의 집합적 신체를 표적으로 하여 그것에 깊게 개입하는 '생-권력' 테크놀로지의 동태를 파악하려고 한 것에 반하여, 아렌트는 정치의 공간이 '생명과정 그 자체의 공공적인 조직체'인 '사회적인 것'의 팽창에 의해 잠식당하는 부정적인 사태를 강조하고 있다는 점이다. 생명과 정치에 대해 이렇게 파악하기 때문에, 아렌트는 생명의 영역과 정치적＝공공적 영역을 실체적으로 분리하여 전자에 의해 잠식되어버린 후자를 구제한다는 문제를 설정하게 된다. 아렌트는 생명에 관계된 모든 질문을 공공적 공간으로부터 배제하지만, 그것은 다음과 같은 이유 때문이다.

첫째로, 생명의 필요는 모든 신체를 동일한 방식으로 꿰뚫고 있고, 이 생명의 '동일성'(sameness)(사람이라는 일자성[一者性])은 공공적 공간에서의 사람[人]-사이[間]의 복수성과는 양립하지 않는다. 둘째로, 생명의 필요는 누구나 신체 내부에 공유하는 것이므로, 그 필요가 공공적 영역에 제시되어도 누구의 흥미도 끌지 않는다. "만약 이 내부가 현상된다고 한다면 우리는 모두 같은 것처럼 보일 것이다"(『정신의 삶 1: 사유』, 푸른숲, 2004, p. 52). 셋째로, 생명의 필요는 충족되지 않으면 안 되는 필연적인 것이고, 이 '필연성'(necessity)은 공공적 공간에서의 자유와는 반대의 위치에 있다. 노동과 소비라는, 삶을 살아가는 한 반복하지 않을 수 없는 순환적 필연성은, 새로운 시작이라는 것을 알지 못한다. 마지막으로 생명의 필요는 저항하기 힘든 목소리로 자신을 말한다. 이 '절박성'(urgency)은 타자의 '현상'에 대한 관심이나 공통세계에 대한 관심을 압도한다. 프랑스혁명은 '생-정치'의 역사적 개막을 의미하지만, 아렌트가 보는 한, 그것은 필연성＝빈궁으로부터의 해방이 그 '절박성' 때문에 자유의 창설에 대한 관심을 격퇴해버린 사건에 지나지 않는다.

아렌트는 공공적 공간을 비공약적 공간으로서 위치 짓는다. 그것은 누구도 배제하지 않지만, 공약 가능한 것(생명의 위상)을 그 외부로 배제한다. 그 결과 공공적 공간은 생명이나 신체와는 아무 관계를 갖지 않는, 너무나도 순결한 자유의 공간으로 묘사된다. 공공적 공간은 신체의 필요나 고통을 호소하는 목소리를 부적절하고 또 온당치 않은 것으로 여기는 것이다. 만약 공공적 공간을 그러한 목소리에 닫혀 있지 않다고 생각한다면, 생명과 생명의 필요에 관한 아렌트의 잘못된 생각은 근저에서부터 비판되어야 한다. 아렌트의 오류란 첫째로 동일한 생명과정이 만인의 신체를 같은 방식으로 꿰뚫고 있다는 생각이고, 둘째로 생명의 필요는 정치와는 전혀 무관하다는 생각이다.

아렌트는 인간의 삶을 두 가지 위상으로 구별하고 있다. 바로 '비오스' (βιος)와 '조에'(ζωῆ)가 그것이다. '비오스'는 탄생에서 죽음에 이르는 개체의 삶이고, 가사성(可死性)을 조건으로 하는 일회적 성격을 띤다. 인간의 삶은 이 '비오스'의 위상에서는 과거·현재·미래의 모든 삶에 대하여 '유례없는 것'이고, 이 개인적 삶의 유례없음이 공공적 공간에서의 복수성을 구성한다. "인간의 복수성이란 달리 유례가 없는 존재자들로 이루어진 역설적인 복수성이다"(『인간의 조건』, p. 236). 공공적 공간은 비오스의 공간, 정치적인 삶이 생겨나는 공간이다. 한편 '조에'는 '생물학적인 생명'을 의미한다. 사람들은 '조에'의 위상에서는 '인간이라는 일자성'을, 즉 동물로서의 인간 모두에게 공통되는 생명을 살고 있다. '비오스'의 다양성과 '조에'의 일의성은 이렇게 뚜렷이 구별된다.

첫 번째 문제는 인간의 삶은 '비오스'와 '조에'라는 두 가지 차원으로, '다의적인 목소리로 말하는 자기'와 '일의적인 목소리로 말하는 신체'로 구분될 수 있을까 하는 점이다. 만약 '조에'를 완전히 배제한다면 공공적 공간은 신체성이 탈색된, 구체성이 몹시 결여된 공간이 될 수밖에 없다. 어느 글에서 아렌트는 집합적 '속성'에 대한 표상의 힘이 공공적 공간에서는 무효임을 보여주기 위해 '가면'(persona)의 메타포를 사용하고 있다. 표상이 각인된 얼굴을 페르소나로 가림으로써 비로소 그 가면 아래에서부터 들려오는 그 사람의 말 자체에 주목할 수 있게 된다고 아렌트는 말한다. 그러나 얼굴이나 신체의 표정 그리고 경험의 구체적인 흔적을 완전히 떨쳐버린 말은 어떤 말일까? 가면과 가면 사이에 오고 가는 대화는 어떤 대화일까?(사이토 준이치, 「표상의 정치/현상의 정치」, 『현대사상』 25권 8호 참조).

아렌트가 자주 인용하는 말 중에 "어떤 슬픔이라도 그것을 하나의 이야기로 만들거나 그것에 관해 이야기하면 그 슬픔을 극복하는 것이 가능하다"라는 『아웃 오브 아프리카』(Out of Africa, 1937)의 저자 아이작 디네센(Isak Dinesen)의 말이 있다. 그것은 『인간의 조건』 제5장 「행위」에 제사(題辭)로 달려 있기도 하다. '이야기하다'(story-telling)라는 담론의 양식에서는 '비오스'와 '조에'라는 두 개의 위상은 서로 섞일 터이다. 조르지오 아감벤(Giorgio Agamben)이 말한 바에 따라 선-악, 정-부정을 말하는 언어(logos)와 쾌락-고통, 기쁨—슬픔을 말하는 목소리(phōnē)를 구별한다면(Giorgio Agamben, *Homo Sacer: Sovereign Power and Bare Life*, Stanford U. Pr., 1998, pp. 7~8), 아렌트가 한편으로 시도하려고 했던 것은 비오스와 조에를 절단함으로써, 공공적 공간으로부터 목소리(phōnē)를 배제하고 그것을 언어(logos)의 공간으로 순화하는 것이었다. 그러나 거기로부터 배제된 목소리는 '이야기하다'라는 형태로 공공적 공간으로 끊임없이 회귀한다. 비오스의 이야기가 말해질 때, 그 속에서 조에는 결코 일의적이지 않은 목소리로 스스로에 대해 말할 터이다. 아렌트는 현재로 이월된 과거의 고통이나 슬픔을 참는 것("resuffering the past")은 그것을 반복해서 이 야기함으로써 가능해진다는 것을 다음과 같이 말하고 있다.

우리가 과거를 취소할 수 없듯 과거를 극복할 수 없다. 그렇지만 우리는 과 거를 견딜 수는 있다. 이것을 위한 형식은 비애이며 모든 형태의 회상을 불러일 으킨다. [……] 오히려 사건의 의미가 살아 있는 한(이러한 의미는 매우 오랜 동 안 존속되게 마련인데) '과거를 극복한다는 것'은 끊임없이 반복되는 이야기 (narration)라는 형식을 택할 수 있다. [……] [시인이나 역사가와 마찬가지로] 우리 또한 자신의 삶 속에서의 의미 있는 사건을 자기 자신과 타인과의 관련 속 에서 상기해야 할 필요가 있기 때문이다. 이처럼 우리는 하나의 인간적 가능성 으로서 가장 넓은 의미에서의 시작(詩作)에로의 길을 끊임없이 준비하고 있다. (『어두운 시대의 사람들』, pp. 30~31)

대단히 심원한 철학도 가질 수 없는 "박력과 의미의 풍부함"(『어두운 시 대의 사람들』)을 이야기가 가질 수 있는 것은, 그것이 경험의 생생한 형적 (形跡)을 버리지 않기 때문이다.

두 번째 문제는 아렌트가 신체의 필요를 만인에게 동일한 것으로 상정 하고 있다는 점이다. 신체의 필요는 '직접적이고 동일'(immediate, identical)하므로 해석이, 즉 말이 필요 없다. 그러므로 사람들의 필요를 동 정(同定)하고, 그것을 충족시키는 데 정치는 필요 없다. 사람들의 욕구 (needs)를 정의하고 그것을 충족시키는 것은 '사회적인 것'의 권력인 '행 정'(administration)의 역할이다. 이 구도는 역설적이다. 왜냐하면 '정치적 인 것'은 '사회적인 것'으로부터 몸을 빼버리면서도, 한편으로는 '사회적 인 것'을 상대하지 않으면 안 되기 때문이다. 정치는 역시 생명의 궁박(窮 迫)을 어느 정도 벗어나지 않으면 안 되지만, 그 궁박을 완화하고 해소해

주는 것은 '행정'인 것이다. 아렌트는 신체와 그 필요를 담론 이전의 것, 즉 자연적인 여건으로 간주함으로써, 그 필요를 실질적으로 정의하고 생명을 보장하는 거대한 권력을, 공공적 공간의 정치로부터 제거하여 행정권력에 위임해버렸던 것이다.

앞서 살펴봤듯이 아렌트와 푸코의 관점에서 보면, 근대라는 것은 조에=생물학적 생명이 공권력의 주제가 되는 시대이다. 푸코가『성의 역사 1: 앎의 의지』에서 보여주었듯이 '생-권력'이 깊이 개입하는 생명의 영역은 거대하다. 그것은 자본주의적 생산의 리듬에 적합하도록 개개의 신체를 규율하고 인구를 조정하기 위하여 섹슈얼리티에 작동한다. 그것은 한편으로는 빈곤을 제거하고 집합적 신체의 생명력을 증강함과 동시에 다른 한편으로는 집합적 신체의 '건강'이라는 명목 하에 생물학적으로 위험한, 혹은 열등한 신체에 우생학의 시선을 보낸다. 그것은 한편으로 '생존권'을 보장하는 동시에 다른 한편으로는 국민 전체의 '생존'을 위해 모든 생명을 희생하는 데 주저하지 않는다. 이 터무니없는 권력 앞에서는, 아렌트처럼 '정치적 문제'(자유에 대한 억압)와 '사회적 문제'(빈곤)를 구별하는 것도 그다지 의미는 없다. '생-권력' 아래에서는 생명의 보장과 자유의 억압은 구별하기 힘들게 결합되어버렸기 때문이다.

권력이 생명에 외재적인 것이 아니라, 거기에 어떤 방식으로든 항상 간섭한다면, 문제는 정치를 생명으로부터 분리시키는 것에 있지 않다. 오히려 좋든 싫든 생명과 정치가 결부될 때, 보다 압도적인 관계성과 보다 압도적이지 않은 관계성을 어떻게 구별하는가가 문제이다. 아렌트의 공공성 개념에서 결여되어 있는 것은 이러한 넓은 의미에서의 **사회적** 정의에 대한 물음이다. 다음 장에서는 아렌트가 전제했던 사람들의 생명 보장이 더 이상 자명한 것이 아니게 되었음을, '사회적인 것'의 국가=사회국가적 변용에 초점을 맞추어 생각하고자 한다.

제5장
생명의 보장을 둘러싼 공공성

1. 욕구를 해석하는 정치

아렌트는 필요를 신체의 자연적인 여건이라고 보았다. 그러나 무언가를 '자연스러운 것'이라고 말하는 담론에는 매우 주의해야 한다. 주디스 버틀러(Judith Butler)에 의하면, 섹스로서의 신체는 담론보다 앞서서 존재하는 자연적인 여건은 아니다. 신체는 그것을 둘러싸고 반복되는 우리의 담론에 의해서 구성 및 재구성된 것이다. 신체가 '자연스러운 것'으로서 표상되는 것은 그것을 '자연스러운 것'으로 묘사하는 담론의 패턴이 반복되고 있기 때문이다(주디스 버틀러, 조현준 옮김, 『젠더 트러블: 페미니즘과 정체성의 전복』, 문학동네, 2008). 생명의 욕구(needs)에 대해서도 똑같이 말할 수 있다. 생명의 욕구는 '사회적 문제'의 전문가들이 특정할 수 있는 완전히 결정된 여건은 아니다. 그것은 사람들에 의해 '욕구'(needs)로서 해석되는 것이고 그 해석에는 이미 담론의 정치가 개입해 있다. '욕구'(필요)는 그것을 해석하고 재정의하는 담론에 의해 구성되는 것이지 결코 자명한 것은 아니다.

공공적으로 대응해야 할 생명의 욕구를 어떻게 해석하고 어떻게 정의

하는가는 행정에 위임되어야 할 일은 아니다. 생명의 욕구에 공공적으로 대응할 필요가 있는 것인가를 검토하고, 그것을 정의해가는 것은 바로 공공적 공간의 논의 테마이다. 낸시 프레이저의 말을 빌리면, 공공성은 '욕구 해석의 정치'가 행해져야 할 차원을 포함하고 있다(Nancy Fraser, "Struggle over Needs", in *Unruly Practices: Power, Discourse and Gender in Contemporary Social Theory*, Polity Press, 1989). 이 정치에서 가장 기본적인 항쟁의 라인은, 생명의 어떠한 필요를 공공적으로 대응해야 할 욕구로 해석하는 담론과, 그러한 필요를 개인/가족에 의해서 충족되어야 할 것으로 '재-개인화하는'(re-privatize) 담론 사이에 있다. 프레이저에 의하면 후자가 취하는 전략은 새로운 욕구로 해석되고 제기되는 것을 '가족화'(familiarize) 및/혹은 '경제화'(economize)하는 것이다. 요컨대 공공적 대응을 요구하는 욕구를 가족이나 친족을 통해 충족되어야 할 것, 스스로의 힘으로 시장에서 구매해야 할 것으로 정의함으로써 그 욕구를 다시 공공적 공간에서 추방하는 탈-정치화의 전략이다. 그것을 위해 동원되는 수사는 잘 알려져 있는데, '자조 노력' '자기 책임' '가족애' '가족의 유대' 등이 그것이다('가족화' '경제화'는 물론 '시민사회화'라는 새로운 전략도 덧붙여져야 할 것이다. 예를 들면 그 수사는 '시민의 활력'이나 '지역의 연대'이다).

'욕구 해석의 정치'는 사적인 것과 공공적인 것의 경계선을 둘러싼 가장 중요한 항쟁 가운데 하나이다. 이러한 정치가 담론의 항쟁인 한, 거기에서 중요한 것은 제1부에서 언급한 '담론의 자원'(프레이저는 이것을 "해석과 의사소통을 위한 사회문화적인 수단"이라고 부른다)이 사람들 사이에 어떻게 분배되어 있는가 하는 것이다. '욕구 해석의 정치'에서 담론 자원의 비대칭성은 결정적인 중요성을 가지고 있다. 왜냐하면 가장 절실한 필요를 가진 사람들에게 '욕구 해석의 정치'에 참가하는 자원이 가장 부족하다는 역설적인 사태가 누차 발생되었기 때문이다. 자기의 욕구를 (명료한)

언어로 표현할 수 없다든가, 대화 장소로 이동할 자유 혹은 시간이 없다든가, 마음의 상처 때문에 이야기할 수 없다든가, 자기의 말을 들어줄 타자가 주변에 없다든가, 오랜 동안 심각한 곤경에 처해져 있었기 때문에 희망을 품는 것조차 기피한다든가('적응적 선호 형성'이라고 불리는 사태)하는 등등. 새로운 욕구 해석의 제기는 새로운 자원의 배분을 청구한다. 그러한 청구를 하기 위해서는 이미 어느 정도(程度)의 '담론의 자원'을 부여받고 있거나 혹은 대단한 노력에 의해 그 자원을 스스로 창출해갈 필요가 있다.

하버마스나 아렌트의 공공성론에서는 사람들이 어느 정도의 자원을 가지고 있는 것은 거의 자명한 전제로 되어 있다. 자신의 욕구 해석을 스스로 제기하기 위한 자원이 결여되어 있기 때문에, 정치적인 존재자로 취급되지 않고 오로지 '배려'나 '보호'의 대상으로 간주된다는 문제가 진지하게 검토되고 있다고는 말하기 어렵다. '욕구 해석의 정치'는 필요를 충족시킨다는 차원뿐만이 아니라, 정치적 존재자로서 '공공적인 삶'(public life)을 산다고 하는 차원에도 깊이 관여하고 있다.

2. 공공적 가치와 사회국가

'욕구 해석의 정치'는, 그 충족을 권리로서 요구할 수 있는 욕구의 정의를 둘러싸고 다투게 된다. 새로운 욕구 해석은 민주적인 의사결정의 절차를 거쳐, 그 욕구가 결국은 새로운 권리로 번역될 것을 요구하고 있다. 또는 이미 승인되어 있는 권리를 새롭게 해석할 것을 요구하고 있다. 이러한 정치에서 중요한 것은 욕구가 권리로 번역될 가능성이 미리 차단되지 않는 것이다. 그렇지만 공공적 공간에서 '욕구 해석의 정치'가 어느 정도 활성화된다고 해도 사람들이 제기하는 욕구 해석이 전부 법적 언어로 번역될 수 있는 것은 아니다.

욕구 가운데에는 우리가 살아가는 데 절실한 것임에도 불구하고 그 성격상 권리로는 번역하기 어려운 것이 있다. 권리란 강제적인 실현을 타자에게 강요하는 것이지만, 예를 들면 강제된 애정, 강제된 우정, 강제된 배려, 강제된 존경은 모두 형용모순에 불과하다. 마이클 이그나티에프(저널리스트로도 활약하는 영국 사상가)가 『이방인의 욕구』(*The Needs of Strangers*, 1984)에서 한편으로 제기하고 있는 것은 현대사회＝복지국가가 공공적으로 대응할 수 없는 그러한 욕구의 문제이다.

> 우리는 권리를 보유한, 생물 이상의 존재이고, 인격에는 권리보다도 더 존중되어야 할 것이 있다. 오늘날 행정당국이 보여주는 선의(善意)란 인격으로서의 개인의 품위를 폄하하면서도 개인의 권리는 존중한다는 것인 듯하다. 예를 들면 이 나라[영국]에서 시설이 가장 좋은 형무소나 정신병원에서는 복역자나 입원환자들이 적절한 의식주를 공급받고 있다고 말할 수 있다. [……] 권리에 포함되는 이러한 욕구는 많든 적든 존중되기는 한다. 그러나 그들은 깨어 있는 내내 눈짓이나 몸짓이나 처우에서, 관리하는 측이 은근히 그들을 향해 품고 있는 모멸을 뚜렷하게 알아차리고 있기도 하다. 내 집 앞의 이방인들은 확실히 복지를 받을 권리를 가지고 있다. 그러나 이러한 권리를 관할하는 공무원으로부터 그들이 과연 상응한 존경과 배려를 받고 있는가는 완전히 별개의 문제이다. (소에야 야스유키[添谷育志]·가나다 고이치[金田耕一] 옮김, 『이방인의 욕구』, 風行社, 1999년, p. 21)

이그나티에프는 권리로 번역하기 어려운 욕구로 '우애, 애정, 귀속감, 존엄, 존경'을 들면서, 그것들이 '공공적 담론' 안에서 인간에게 절실한 욕구로서 지속적으로 제기될 것을 요구한다. 요컨대 제도상의 공공적 대응은 바랄 수 없다고 해도 여전히 사람들 사이에서 응답되어야 할 욕구로 부단히 확인될 것을 요구하는 것이다. 권리화할 수 없다는 이유로 그러한 욕구가 공공적 공간에서 '욕구 해석의 정치'의 장 자체로부터 배제되어 사적인 바람이나 소망의 영역으로 추방되는 것을 두려워하는 것이다.

이것과 똑같이 중요한 것은 **다른 한편으로** 이그나티에프가 현대사회＝복지국가로 제도화된 '이방인들' 사이의 비인칭(非人稱)적 연대를 평가하고 있다는 점이다.

> 이방인들의 욕구와 그들의 수혜권(受惠權, entitlements)은 나와 그들 사이에 침묵의 관계를 설정한다. 우리가 우체국에서 일렬로 줄을 서 있을 때, 노인들이 연금을 수령하는 그 순간 내 소득의 극히 일부가 국가의 수많은 모세혈관을 통해서 그들의 주머니로 이전된다. 나와 그들의 관계가 무언가에 매개되어 있음은 우리 모두에게도 필수 불가결한 것처럼 생각된다. 그들은 어디까지나 국가의 보살핌 속에 있는 것이지, 직접적으로 나의 보살핌 속에 있는 것은 아니다. (『이방인들의 욕구』, p. 15)

국가가 매개하는 비인칭적인 연대의 장점은 우선 인칭적인 관계(돌보는 자와 도움 받는 자)에 부수되는 의존·종속의 관계가 폐기된다는 점에 있다. '국가가 돌보는' 사람들은 특정한 누군가의 도움을 받고 있는 것은 아니기 때문에 (적어도 권리상은) 누군가에게 폐를 끼칠까봐 목소리를 죽일 필요는 없다. 비인칭적 연대는 그 연대의 과실을 누리는 사람들을 여전히 정치적 존재자로서 대우하는 것이 가능하다. 더욱이 이 비인칭적 연대는 자발적인 연대가 아니라 강제적인 연대라는 장점을 가지고 있다. 어떤 사람이 아무리 미움을 받는 사람이라고 하더라도, 또한 '세상'의 관점에서 아무리 '이상'한 행동을 하고 있더라도 그 사람은 살아가기 위한 자원을 권리로서 청구할 수 있다. 이 강제적 연대는 자발적인 네트워킹이 배제하는 사람들도 감당할 수 있다. 사회국가가 비인칭의 강제적 연대 시스템으로서 형성되었다는 사실이 가진 의미는 잊어서는 안 될 것이다.

그렇지만 사회국가는 사람들이 가진 절실한 욕구 전부를 충족시킬 수 없다. 사회국가가 그 강제력을 통해 충족할 수 있는 것은 이미 권리로 번역되어 있는 욕구뿐이다. 그러면 사람들이 권리로서 요구할 수 있는 욕구란 무엇인가. 권리로서는 요구할 수 없거나 요구하지 않아야 할 욕구란 무엇인가. 현재의 자유주의적 정의론이 온 힘을 기울여온 것은 양자의 경계를 설정하는 기준을 명확히 하는 것이었다. 그 기본적인 태도는 국가가 강제력을 가지고 실현해야 할 것을, 사람들의 삶에서 '공약 가능한' 가치로 한정하는 것이다.

"자유주의의 핵심적 가정은 모든 평등한 시민은 서로 비교할 수 없고 서로 타협할 수 없는, 참으로 다양한 선의 관념을 가진다는 것이다"(존 롤스, 장동진 옮김, 『정치적 자유주의』, 동명사, 1998, pp. 372~373). 자유주의에서 말하는 '선의 구상'('선한 삶의 구상')이란 자기의 삶을, 살아갈 만한 것으로 만드는 지도적인 가치에 관하여 개개인이 가지는 해석들이다. 그것은 가치가 상쟁(相爭)하는 '신들의 투쟁'의 시대에는 각인각양(各人各樣)이어서 거기에서 공약 가능성을 발견하는 것은 불가능하다. 공약 가능성을 상정할 수 있는 것은 각각의 개인이 어떠한 '선의 구상'을 가지고 있건, 어떠한 '삶의 계획'을 추구하건, 누구나가 축소되기를 바라기보다는 확대되기를 바라는 가치이다. 존 롤스는 그러한 가치를 '기본재＝기본적인 선'(primary goods)이라고 부른다. "기본재는 시민이 가진 욕구가 무엇인가를 지정하는 것이다. [……] 그것은 시민이 그(선한 삶에 관한 포괄적인) 견해를 추구해가는 경우, 모든 사람 혹은 대부분의 사람들에게 높은 가치가 있는 것으로 확실히 간주되는 것이다"(『정치적 자유주의』, pp.

188~190). 정의는 이러한 기본재(롤스가 제시하는 것은 자유, 기회, 소득과 부, 자존의 기초이다)를 어떠한 사람들에게 어떠한 우선순위로 분배하는가에 관한 기본원리이다.

이와 같이 자유주의의 특징은 공약 가능한 가치를 공약 불가능한 가치로부터 엄격히 구분하는 데 있다. 만약 공약 불가능한 가치(어떠한 '선의 구상')가 정의를 참칭(僭稱)하고 공권력으로 자기를 강제한다면, 그것과는 다른, 그리고 그것과 경합하는 '선의 구상'을 추구하는 사람들의 삶은 극도로 억압되지 않을 수 없기 때문이다. 공권력이 강제적으로 실현할 수 있는 가치는 공약 가능한 가치에만 한정되어야 한다. 공약적인 가치를 공공적 가치, 비공약적 가치를 비공공적 가치라고 부른다면, 자유주의의 기본 관심은 국가의 활동을 공공적 가치의 실현이라는 범위로 제약하는 데 있다(이노우에 다쓰오[井上達夫], 『타자를 향한 자유: 공공성의 철학으로서의 리버럴리즘』, 創文社, 1999 참조).

이에 대해서 공동체주의로 불리는 입장은 특정한 문화적 전통을 배경으로 하는 공동체의 내부에서는 '선의 구상'도 억압 없이 공유될 수 있다고 생각한다. 이 입장은 공동체 내부의 구성원 사이의 공공적 가치를 '공통선'이라고 정의한다. '공통선'은 구성원에 의해서 공유되는 '선의 구상'을 의미한다. 공동체주의가 공동체를 국가와는 다른 차원에 두는 것에 반해 신보수주의(혹은 네오내셔널리즘)는 공동체를 국가와 동일시한다. 제1부에서도 말했듯이, 어떤 입장도 사람들의 복수성을 억압하는 동화/배제의 기제를 벗어날 수 없다. 공동체주의는 공동체 내부 사람들의 복수성을, 신보수주의는 여러 공동체 사이의 복수성 및 사람들 사이의 복수성 양쪽을 억압한다.

그런데 공공적 가치란 누구나 (어떠한 '선한 삶의 구상'을 추구하고 있더라도) 권리로서 국가에 요구할 수 있는 가치이다. 그 공공적 가치를 아주 좁은 범위(로버트 노직[Robert Nozick]에 따르면 "폭력, 절도, 사기로부터의 보호, 계약의 집행 등")에 한정하고 국가에 의한 소득이나 부의 강제적인 재분배를 명확히 부정하는 것이 자유지상주의(libertarianism)로 불리는 입장이다(로버트 노직, 남경희 옮김, 『아나키에서 유토피아로: 자유주의 국가의 철학적 기초』, 문학과지성사, 1997). 대조적으로 자유주의는 소득이나 부를 공공적 가치의 내용에 포함하고 있고 그 한도 내에서 사회국가에 의한 생명의 보장을 긍정하고 있다. 공공적 가치를 어떻게 정의하는가는 그 자체가 공공적 공간에서의 해석의 정치에 따라 달라지겠지만, 공공적 가치의 한 가지 해석으로서 현재 가장 전망이 있다고 생각되는 구상에 대해 언급하고자 한다. 그것은 공공적 가치를 물질적인 재화가 아니라, '재화와 사람의 관계성'에서 재인식하는 인도 출신의 경제사상가 아마티아 센(Amartya Sen)의 구상이다(*Commodities and Capabilities*, Amsterdam: North-Holland, 1985; *Choice, Welfare and Measurement*, Oxford: Blackwell, 1982; 이상호·이덕재 옮김, 『불평등의 재검토』, 한울아카데미, 2000 등을 참조).

센은 공공적 가치를 '기본적인 잠재능력'(basic capabilities)으로 해석한다. '잠재능력'이란 어떤 사람에게 실질적으로 열려 있는 '삶의 폭'(가와모토 다카시[川本隆史]), 즉 "사람들이 행할 수 있는 것, 그렇게 될 수 있는 것"의 범위를 의미한다. 센이 공공적 가치를 '기본재'로 정의하는 롤스의 이론을 비판하는 것은 사람들이 '기본재'를 이용하여 실제로 무엇을 이룰 수 있는가 하는 관점이 누락되어 있기 때문이다. 가령 똑같은 '기본재'가 주어졌다고 해도 건강상태, 연령, 장애의 유무 등의 차이에 의해 사람들이 이룰 수 있는 것에는 커다란 간격이 생겨난다. 중요한 것은 어느 정도 이상의 재화를 소유하고 있는 것이 아니라 사람들이 그 재화를 사용해서 무엇을 할 수 있는가, 스스로를 어떠한 상태에 둘 수 있는가 하는 것이다. 욕구를 '재화'(goods)의 필요가 아니라 "행위와 존재"(doings and beings)

에 대한 필요로 재정의해야 하는 것은 바로 그 때문이다. '잠재능력'이라는 센의 접근법이 뛰어나다고 생각되는 것은 그것이 구조화되고 제도화된 억압이나 차별로 인해 어떤 '삶의 폭'이 상실된 사람들에게 주목할 수 있기 때문이다. 무엇 때문에 여성은 남성을 보조하는 직업을 갖게 되는 일이 많으며, 그 반대는 거의 없는가. 무엇 때문에 동성애자 그룹은 공공시설의 숙박이 거부되는가. 무엇 때문에 어떤 장애를 가진 아이들은 다른 아이들과 함께 배우고 놀 기회를 박탈당하는가……

센이 '잠재능력'의 예로 들고 있는 것은 적절한 영양을 얻는 것, 병에 걸리지 않는 것, 요절하지 않는 것, 문자를 읽을 수 있는 것, 자존감을 가질 수 있는 것, 친구를 사귀는 것, 만나고 싶은 사람을 만날 수 있는 것, 커뮤니티에서 일정한 역할을 수행하는 것 등이다. 그 중에서도 누구나가 평등하게 이룰 수 있어야 하는 것이 '기본적인 잠재능력'이다. 센 자신은 제3세계의 현실에 입각하여 '기본적인 잠재능력'을 일정한 범위(이동, 의식주, 위생·의료, 물리적 안전, 초등교육에 관한 것)로 좁히지만, 위에서 예시된 것 모두가 기본적이라고 나는 생각한다. 우리의 공공적 가치를 정의하는 데 '기본적인 잠재능력'이라는 개념이 뛰어난 또 다른 이유는, 풍족하다고 생각되는 삶에서 박탈된 것도 그것이 적절한 재해석을 할 수 있기 때문이다.

센의 접근법에 따르면 빈곤이라고 일컬어온 사태는 재화의 결여가 아니라 기본적인 잠재능력의 '박탈'(deprivation)로 파악되어야 한다. 이 '박탈'이라는 척도는 제3세계의 개발 방식을 비판적으로 평가하는 데에도 실제로 공헌해왔지만, 그에 그치지 않는다. 이 척도를 이용하면 소위 선진국에서 살고 있는 사람들의 삶에서 무엇이 박탈되어 있는지도 뚜렷하게 부각된다. 느긋하게 휴양할 수 있는 것, 오염되지 않은 음식물을 섭취하는 것, 소음에 고통 받지 않는 것, 자동차 사회에서 특정한 사람들(예를 들면 고령자)이 '이동의 자유'를 실질적으로 가지는 것 등등이 박탈되어 있는 것이다. 공공성이라는 관점에서 보면 장기간에 걸친 '고독'은 기본적인 잠재능력 박탈의 하나로 꼽아야 할 것이다. 자신의 말이 경청되는 기회를 가질 수 있는 것은 정치적 존재자로서의 인간에게 기본적인 잠재능력이다. 센이 문자 교육을 중시하는 것은 사람들이 "어떤 것을 생각하고, 무엇이 필요한가를 스스로 생각하고, 그것을 사회에 호소할 기회"(「민주주의와 사회정의」, 『세계』, 662호, 岩波書店)를 잃지 않게 하기 위함이다. 자신의 생각을 타자에게 전할 기회를 가질 수 있는 것(이성을 공공적으로 사용할 수 있는 기회를 가지는 것)은 센의 시점에서도 기본적인 잠재능력의 하나라고 보아도 좋을 것이다.

국가의 존재 이유(rasion d'être)는 사람들의 삶에서 공약 가능한 가치, 누구나 필요로 하는 가치를 실현하는 데 있다. 가령 세계적인 규모로 공공적인 정부가 창설될 수 있다고 한다면 그 존재 이유도 똑같다. 다음에 다룰 것은 19세기 말부터 형성되어 20세기 중반에 거의 완성된 사회국가 혹은 복지국가가, 21세기를 눈앞에 두고 근본적으로 변용되고 있는 현상이다. 근본적이라고 말하는 이유는 비인칭의 강제적인 연대라는 토대 자체에 뚜렷한 균열이 일어나기 시작하고 있기 때문이다.

3. 사 회 국 가 의   변 용

사회국가(화)의 역사는 그리 오래되지 않았다. 사회보험의 성립이란 관점에서 보면 사회국가는 1880년대부터 1890년대에 걸쳐 탄생했다고 해도 좋을 것이다. 사회국가는 자본제 경제의 진전을 조건으로 하고, 그것이 야기하는 다양한 부정적 산물에 대한 대응으로서 성립되었음을 우선 지적하고자 한다. 사회보험은 자본주의가 끊임없이 만들어내는 노동재해나 실업과 같은 폐해에 대응해, 위험을 개인화하는 것이 아니라 그것을 집합화함으로써 대처하는 제도로서 만들어졌다. 그것은 그대로 방치한다면 노동시장에서 탈락되어 생존 자체가 위태로워지는 사람들의 삶을 사회구성원 전체가 지원한다는 연대 사상을 포함하고 있다. 오히려 사회보험의 제도화로 귀결되는 여러 가지 실천이 사회적 연대라는 관념을 키워 왔다고 보아야 할지도 모른다. 사회적 분업에 의한 개인화와 사회적 연대의 형성 사이에 불가분의 관계가 있음을 '유기적 연대'(solidarité organique)라는 개념으로 포착하고자 한 에밀 뒤르켕의 『사회적 분업론』(1893년)은 바로 프랑스가 제3공화정 하에서 사회국가로 변용하고 있던 시기에 저술된 것이다.

그 후 사회국가가 어떻게 진전되었고 그것을 옹호하는 사상이 어떻게 나타났는가를 상세하게 살펴볼 필요는 없을 것이다. 사회국가의 이념을 도덕적으로 정당화하는 사상이 정점에 이른 것은 롤스의 『정의론』이다.

> 공정성으로서의 정의관에 있어서 사람들은 서로의 운명을 함께 하는 데 합의한다. 제도를 만드는 데 있어서 그들은 공동의 이익을 가져오는 경우에만 자연적·사회적 여건의 우연성을 이용하기로 약속한다. 두 원칙은 운명의 임의성을 처리하는 공정한 방식이다. (존 롤스, 황경식 옮김, 『사회정의론』, 수정판; 서광사, 1985, pp. 121~122)

사람들이 자연적인 우연성(능력·재능 등) 혹은 사회적인 우연성(사고·질환 등) 때문에 불리한 경우에 내몰리는 것은 "도덕적인 관점에서 보면 자의적이어서" 그러한 경우를 허용하는 것은 정의라고 할 수 없다. 롤스가 제기하는 정의의 원리(특히 제2원리)의 핵심은 시장의 정의("능력에 대해 열려 있는 직업"을 보장하는 정의)가 시장으로부터 사람들이 '도태'되고 열악한 처지로 몰리는 것을 정당화하고 있는 데에 대한 비판에 있다. 실질적인 기회의 평등을 도모하는 '공정한 기회 평등의 원리', 현재의 노동시장에는 적합하지 않은 능력을 가진 사람들의 처지를 보다 나은 것으로 개선하고자 하는 '격차 원리'가 나타내고 있는 것은 바로 사회적 연대의 이념이다.

그런데 롤스가 말한 "운명을 함께 해야" 할 타자란 우리에게 낯설고 소원(疏遠)한 타자이다. 사회국가는 서로 모르는 사람들 사이에 형성되는 '상상의 공동체'이다. 사람들이 현실에서 서로의 격차나 차이에도 불구하고, 이러한 상상의 공간을 리얼한 것으로 느낄 수 있다는 것이 사회적 연대 조건의 하나이다. 정의로운 사회는 사람들 사이에서 '정의 감각'을 키우고, 사회국가는 사회적 연대의 감각을 함양한다고 말하는 것(롤스)이 확실히 이론적으로는 깔끔하다. 그러나 실제 사회국가가 수행해온 것은 사회적 연대의 감각을 집합적(국민적) 정체성의 감각에 의해 뒷받침한다는 프로젝트였다. 공교육, 공공방송, 공식행사 등을 통해 '우리'라는 표상을 부단히 환기하고 보강하는 프로젝트, 전쟁이나 대외 위기의 호소에 의해 '우리'의 감정을 강력하게 충전하는 프로젝트 등이 그것이다. 역사를 돌이켜보면, 사회국가는 국민국가와 서로 겹치고 사회적 연대의 범위는 국민국가의 경계와 일치해왔다. 일본에서 '전국민보험운동'이 추진되었던 것은 '국가총동원법'이 시행되었던 1938년인데, 그것은 사회국가의 '복지'(welfare)와 국민국가의 '전쟁 동원'(warfare)의 결합을 보여주는 전형적인 사례이다. 거칠게 말하면 최근 100년 동안 '사회적인 것'과 '국민적인 것'은 밀접하게 결합되어 공공성은 양자가 융합한 공간 안에 포섭되었다.

'사회적인 것'과 '국민적인 것'이 융합한 조건 하에서 일어나는 연대의 특징은 다음과 같이 정리할 수 있을 것이다. 첫째, 통합된 단일한 국민사회(national society)에 속해 있다는 감정이 형성된다. 사회적 연대는 국민적 연대와 등호(=)로 묶여져 경제적 격차 등 여러 가지 차이에도 불구하고 '하나의 국민'(one nation)이라는 표상이 공유된다. 둘째, 그 연대는 사회국가=국민국가에 의해 매개된 것이다. 사람들은 서로 직접적 응답책임을 지는 것은 아니다. 책임은 집합화·추상화되어 그 집합적 책임은 국가에 대한 의무로 곧잘 번역된다. 국가에 대한 충성이 국민의 생존이라는 명목으로 이야기되는 것은 이러한 맥락이다. 셋째, 사람들의 연대는 기본적으로 일차원적이다. '생존 단위'(survival unit)(노르베르트 엘리아스[Norbert Elias], 기본적으로 자기 삶의 보장[생존이나 안전 등]이 달려 있다고 간주되는 공간)는 오직 국가뿐이며 가족, 지역 공동체, 민족적·종교적 집단 등은 일찍이 가지고 있던 '생존 단위'로서의 지위를 상실한다(최근 국민국가의 동요로 인해 이들 집단은 '생존 단위'로서 재발견되고 있다).

대략 1970년대까지 사회국가는 이러한 연대를 상정할 수 있었으나, 1980년대 이후 앵글로색슨 권역을 중심으로 사회적=국민적 연대의 실질적 결합이 두드러지게 상실되어왔다. 사회국가가 지금 어떻게 변용되고 있는가를 그 방향성을 중심으로 고찰하고자 한다(Nikolas Rose, *Powers of Freedom: Reframing Political Thought*, Cambridge U. Pr., 1999; Mitchell Dean, *Governmentality: Power and Rule in Modern Society*, Sage, 1999를 주로 참조하였다). 여기서 앵글로색슨 권역의 변화에 주목하는 것은 일본이 그러한 방향으로 진행되고 있다고 생각하기 때문이다. 일본은 사회국가의 완성(북유럽이나 1970년대까지의 영국)에 이르기도 전에 탈-사회국가로 향하고 있다(1970년대 후반 '일본형 복지사회'론의 대두, 1980년대 초 제2차 임시행정조사회[10]에 의한 민간부문 활성화 노선 채택이 그 전기[轉機]였다).

---

10 1981년에 일본 내각에서 발족한 행정·재정 개혁을 위한 심의회를 말한다. '증세 없는 재정재건'을 목표로 공사 민영화 등을 논의하였다.

사회국가를 변용시키는 요인은 여러 가지이고, 말할 것도 없이 나라에 따라서도 사정은 다르지만 그 최대 요인은 '경제적인 것'과 '사회적인 것'이 서로 등을 돌리기 시작했다는 것이다. 제1차 석유위기(1973년) 무렵까지 양자는 관계가 좋았다. 사회보장과 경제성장은 서로 지지·강화하는 관계에 있었다. 사회보장은 건강한 노동력을 육성·보전하고, 보험금의 축적은 경제투자의 재원으로 사용되며, 거꾸로 경제성장은 사회보장을 더욱 더 충실하게 하는 자원을 공급한다는 식이다. 그러나 저성장이 일상화되고 재정적자가 누적되며, 게다가 글로벌화된 경제 환경 아래에서 부단한 경쟁이 강요되면, 사회보장은 경제를 속박하고 그것에 부담을 지우는 것으로 보이게 된다. 노동시장의 유연화(즉 기업이 '구조조정'하기 쉬운 조건의 정비)나, 자본 도피에 대항할 수 있는 '경쟁력 있는' 조세 시스템으로의 재편이 마치 지상 명제인 것처럼 이야기된다. "공평이나 평등을 과도하게 중시하는 종래의 사회풍토"(!)는 "건전하고 창조적인 경쟁사회"의 구축을 방해해왔다(「경제전략 회의」 답신, 1999년 2월)고.

중요한 것은 이처럼 '경제적인 것'과 '사회적인 것'이 분명하게 이반(離反)되기 시작한 결과 사회적＝국민적 연대에 심한 균열이 생긴다는 것이다. 강력한 균형책을 취하지 않는 한, '하나의 국민'이란 표상은 더 이상 성립하기 어렵게 되어 오히려 '두 개의' 국민, 두 종류의 시민이라는 이미지가 조성된다. 사람들은 경제적으로 생산적인 부문과 비생산적이고 복지에 의존하는 부문의 두 개로 나뉘어 양자 사이에는 '원한(ressentiment)의 정치'(약자가 강자에 대해 품는 원한이 아니라 '강자'[진정한 강자가 아니라 중산하층이라는 '강자']가 약자에 대해 품는 원한이지만)가 항상 잠재하게 된다. 시민의 대부분은 사회적 연대를 위한 비용을 부담하는 것에 대해 강한 저항감을 가지게 되어 사회국가는 다수의 지지를 잃어간다. 사회국가는 국민의 통합이 아니라 역으로 그 분단(分斷)을 야기해온 것이 아닌가

하는 관점이 지배적이 된다. 사회적 연대에 대한 의심, 단념은 다음과 같은 대응을 불러일으킨다.

위험을 집합화하는 사회국가의 프로그램은 더 이상 이치에 맞는 것(합리적인 계산에 맞는 것)으로는 간주되지 않게 되었다. 위험을 탈-집합화하고 그것을 개인이 떠맡는 것, 생명 보장의 근간을 사회국가에 위임하는 것이 아니라 자기 책임으로 받아들이는 것이 합리적이라고 생각된다. 사람들은 자신의 능동적인 활동으로써, 즉 노동시장에서 고용될 가능성을 항상 유지함으로써 자기의 생명을 보장하고자 한다. 니콜라스 로스가 정확하게 지적하듯 '능동적인 활동'(activity)과 '생명 보장'(security)은 긴밀하게 결합된다. 사람들은 자기 자신이라는 '기업의 창업자'(entrepreneur)가 될 것(자기라는 '인적 자본'을 효율적으로 개발하고 활용하는 것)을 요구받기 때문이다. 그렇게 자기 통치(self-government)를 할 수 있는 것이 능동적인 개인의 조건이 된다. 그러한 능동적인 개인이 확실하게 살아남기 위해서는 어느 정도로 몸을 압박해야 하는가는 묻지 않지만.

한편으로 국가 통치에서 과제가 되는 것은 무엇보다도 우선 '사회적인 것'이 '경제적인 것'에 부과해왔던 무게를 완화하는 것이다. 그것을 위해서 정부=통치가 활용하는 것은 사람들의 '자기 통치'의 실천이다. 그것은 두 개의 차원에 걸쳐 있다. 하나는 지금 말한 능동적인 개인에 의한 '자기 통치'이다. 개인이 자신의 고용 가능성과 건강을 유지하고 생명/생활의 보장을 자신의 힘으로 획득하려 노력한다면, 그만큼 국가의 재정적 비용은 줄어든다. 다른 한 가지 차원은 커뮤니티나 조합(association) 등의 중간 단체에 의한 '자기 통치'='자치'이다. 커뮤니티(여기서 말하는 커뮤니티는 지연이나 혈연에 의한 것뿐만 아니라 종교적·도덕적 가치관이나 라이프스타일의 공유 등에 의한 네트워크도 포함한다)는 사회국가의 비인칭적이고 강제적인 연대를 대신하여, 보다 인칭적이고 자발적인 연대를, 즉 추상적인

사회적 연대가 아니라 보다 구체적인, '얼굴이 보이는' 연대를 가능하게
한다. 커뮤니티의 자기 통치(자치)는 국가의 집권적 · 권위적 · 획일적 통
치와는 달리 거기에 참가하는 사람들에게 더욱 확실한 연대 감각을 부여
한다. 시장에서 개인의 자기 노력 · 자기 책임을 강조하는 신자유주의와
자신의 공동체에 대한 참여(commitment)를 중시하는 공동체주의, 이론적
으로는 극과 극에 위치한다고 간주되어온 이 두 사상은 개인의 삶에서도
통치의 전략에서도, 굳게 결합되어 있다.

국가의 통치는 이처럼 '통치의 통치'(a government of government, 미첼
딘)라고도 말할 수 있는 형태를 취하기 시작한다. 즉 국가에게 개인이나
커뮤니티는 통치의 객체 이상으로 자기 통치＝자치의 주체이며, 국가의
통치는 그러한 자기 통치를 적극적으로 고무하고 촉진하는 형태를 취하
게 된다. OECD는 1980년대 말부터 1990년대 초에 걸쳐서 "복지국가로
부터 능동적인(활력 있는) 사회"(from welfare state to active society)로 방향
전환을 왕성하게 제창하였다(예를 들면 *Labour Market Policies for the
1990s*, OECD, 1990을 참조). '능동적인 사회'(active society)란 말은 자기 통
치를 실천하고자 하는 사람들의 에너지를 최대한으로 활용하려는, 통치
의 새로운 전략을 단적으로 표현하고 있다.

두 번째로 국가 통치의 과제가 되는 것은 고용의 유동성이라는 '경제
적' 이점을 유지하면서 노동시장에서 배제된 사람들에게(종전과 같은 비용
을 들이지 않고) 대처하는 것이다. 그것은 두 개의 다른 차원으로 나뉘어 있
다. 하나는 노동시장에서 일시적으로 탈락한 사람들에게 '능동성'을 회
복시켜 다시 '능동적인 사회'의 구성원으로 복귀시키는 것이다. 실업자
에게는 기술 습득이나 기술 향상을 위한 여러 가지 기회가 풍부하게 제공
된다. 즉 실업자는 주어진 기회를 살릴 수 있는가를 시험받는다. 실업 급
여는 실업자가 어떠한 행동을 보여주는가에 의해 좌우된다. '근로에 이르

는 복지'(welfare-to-workfare)라는 표어에서도 엿볼 수 있듯이 사회권(社會權)의 일부는, 어떤 행동을 하는가와 관계없는 권리에서, 자신을 개선시키고자 하는 의욕을 보일 때만 얻을 수 있는 조건부 권리로 변하기 시작했다. 보다 심각한 것은 그러한 능동성의 시험을 통과하지 못하는 사람들에 대한 처우의 변화이다.

물론 그/그녀들에게도 어느 정도 '사회적 안전망'이 준비되어 있기는 하다. 예를 들면 그/그녀들은 생활 보호 = '공적 부조'를 받음으로써 생존을 유지해갈 수 있을 것이다(그렇다고 해도 기껏해야 신원을 증명할 수 있는 국민에 한정되지만). 그러나 문제는 사회가 '능동적인 사회'로 변화되면 그녀들에 대한 사회적 위치 부여와 그들에 대한 표상도 크게 변화한다는 사실이다. 첫째로 그러한 사람들은 자기 통치 능력이 결여된, 혹은 그런 의욕이 없는 사람들로서 표상될 것이다. 즉 무능하고 무용한 사람들로서. 둘째로 그들은 단순히 '잉여자'로서만이 아니라 사회의 질서를 잠재적으로 위협하는 '위험한'(risky) 사람들로서도 표상될 것이다. 로즈는 그러한 사람들이 영미에서 "반영속적이고 준범죄적인 사회층"으로 간주되기 시작하는 현실에 주의를 환기하고 있다. 그들은 더 이상 푸코가 말하는 규율권력의 대상이 아니다. 즉 더 이상 교정되고 갱생되어야 할 개별적 신체가 아니다. 그들은 규율의 대상이 아니라 리스크 관리의 대상이 된다. 즉 사회의 '안전'에 위협을 주지 않도록 가능한 한 낮은 비용으로 일괄적으로 관리되어야 할 대상이 되었다.

예를 들면 영국의 '범죄 다발 지역'이 감시카메라의 촘촘한 그물망으로 뒤덮여 있다는 사실이 최근 알려졌다(다키이 히로오미[瀧井宏臣], 「소리 없이 다가오는 정보관리사회」, 『세계』 668호, 岩波書店). '위험 관리'의 주요한 방법은 하층민을 일괄해서 도시공간의 일부로 격리하여 감시망에 가두는 것이다. 이러한 사정을 충격적으로 그려내고 있는 것은 마이크 데이비스

(Mike Davis)의 『요새 도시』(*City of Quartz: Excavating the Future in Los Angeles*, 1992)이다. 그에 따르면 로스앤젤레스에 사는 사람들은 지금 사회적·공간적으로 명확하게 나뉘어 있다. 한편으로 부유층은 '문이 달린 커뮤니티'(gated community, 울타리에 둘러싸여 안전 서비스를 구매하는 주택지)로 상징되는 안전한 공간에 스스로를 유폐시켜놓고, 다른 한편으로 잠재적인 범죄자로 간주되는 빈곤층은 시(市) 경찰이 감시하는 '게토'에 밀어 넣는다. 안전한 공간과 위험한 공간은 서로 차단된다. 일찍이 이질적인 사람들이 한데 뒤섞이는 공간이었던 거대도시(metropolis)는 이제는 등질적인 '섬'으로 단편(斷片)화되고, 민주적인 공공 공간은 거기로부터 쫓겨나버렸다는 것이다. 도시공간의 분단이라는 관점은 현대 거대도시에서의 도시적 공공성이라는 생각(예를 들면, 리차드 세넷[Richard Sennett]은 *The Fall of Public Man*[1974][한국어판은 김영일 옮김, 『현대의 침몰: 현대 자본주의의 해부』, 일월서각, 1982]에서 일찍이 그것을 찬양하고 있다)에 의문을 던지는 것이다. 계급·종교·인종·라이프스타일이 다른 다종다양한 사람들이 교섭하는 혼성적(hybrid)인 공간은 확실히 사라지고 있다고 보아야 할 것이다.

사람들이 살아가는 공간이 나뉘어 있는 것은 공공성에는 커다란 위협이다. **사회적 공간의 '분리'**(segregation)라는 조건은 입장을 달리하는 사람들 사이의 **정치적 의사소통**을 방해하고, 다른 공간을 살아가는 사람들에 대한 무관심과 일그러진 표상을 야기한다. 한 공간을 살아가는 사람들이 제기하는 욕구 해석이나 부정의에 대한 항의는 다른 공간을 살아가는 사람들에게는 전혀 현실감을 가지지 못할 것이다. 사람들이 하루하루 살아가는 공간의 분리는 공통 세계의 공통성을 사라지게 하고 세계의 현실성 자체를 분리하기 때문이다. 다양한 것이 섞여 있는 의사소통 공간이라는 공공성의 조건은 여러 가지 등질적인 '섬'으로의 공간 분리에 의해 위협받는다. 미국이나 유럽의 대도시에서 주로 인종 · 종족(ethnicity)에 의한 '거주지의 분리'는 실제로 심각한 문제인데(Iris Marion Young, "Residential Segregation and Differentiated Citizenship", *Citizenship Studies*, Vol. 3, No. 2, 1999), 사회적 공간의 분리를 어떻게 막는가는 정치적인 삶에서 극히 중요한 문제이다. 비록 인터넷 상의 '공공성'이 현실적 공간의 틈을 중개할 가능성을 얼마간 가지고 있다고 하더라도 다른 사회적 조건을 살아가는 타자가 현실에 접할 기회를 잃어간다면, 사람들이 관심을 가지는 '사이'는 편협한 것이 되지 않을 수 없기 때문이다.

하여간 '위험'한 하층민에 대한 감시는 물론이고 '치안보장'(public security)에 대한 관심이 '사회보장'(social security)에 대한 관심의 쇠퇴와 꼭 반비례하여 강해지고 있다는 것은 분명하다. 적어도 이 점에서는 일본에서도 거의 동일한 경향이 보인다. 1999년에 치안 · 공안의 기능 강화를 도모하는 일련의 법제화가 이루어진 것은 기억에 생생한데 유엔개발계획(UNDP)이 제기한 '인간 안전보장'(Human Security)이라는 개념(국가 중심의 '안전보장' 개념에서 탈각하여 '안전보장'을 "안심하고 일상생활을 보내고 싶은 보통 사람들에 대한 배려"로서 재파악하고자 하는 것이다)은 테러리즘(사이버 테러리즘을 포함)이나 마약으로부터의 안전이라는 의미로 '번역'(거의 '오역'에 가깝다)되어 사용되고 있다(『외교포럼』 1999년 1월호). 요즘 노골적으로 추진되고 있는, 사회보장에서 치안으로의 공권력의 중심 이동은 도대체 무엇을 의미하고 있는 것일까? 그것은 주민=국민 전체의 생명 보전 · 증강에 관심을 가지는 '생-권력'에서, 어떤 사회계층(그것이 국민의 2/3이건 3/4이건)의 안전을 보호한다는, 보다 오래된 형태의 권력으로 형식이 전환됨을 의미하지 않을까?

4 . 사 회 적 연 대 의 재 생 을 둘 러 싸 고

사회국가가 최근 20여 년 사이에 어떤 방향으로 변화해왔는가를 살펴보았다. 그 방향이란, 요약하면, 사회적 연대의 공동화(空洞化)이고 사람들의 사회적 · 공간적 분리이다. 자유주의적인 정의론이 대상으로 삼아왔던 사회적 연대의 자원은 눈에 띄게 부족해지고 있다. 우리는 "운명을 함께 나누어 가진다"라고 하는 롤스의 말이 빈말로밖에 들리지 않는 상황을 맞이하고 있는 것인지도 모른다. 사람들이 서로 차단된 공간을 살아가게된 현상황에서 노동시장에서 쫓겨난 사람들을 실질적으로 '기민'(棄民)으로 만들지 않고자 한다면 앞으로 어떠한 생명 보장의 방법을 구상해야할 것인가? 신자유주의(시장자유주의)를 제외한다(그것은 사람들의 삶을 더욱더 분리하는 것을 오히려 적극적으로 정당화한다)면 남아 있는 선택지는 다음 두 가지이다.

그 하나는 갈가리 찢겨진 사회적 연대(일본에서 국민연금 미납자 · 체납자는 이미 거의 1/3에 달하고 있다)를 다시 내셔널리즘이라는 시멘트로 다지는것이다. 제1부에서 보았던 것처럼 내셔널리즘(국익 옹호의 경제내셔널리즘을 포함)을 재건함으로써 글로벌리즘에 대항하고자 하는 사조가 지금 힘을 얻고 있다. 우선 사회적 연대를 다시 국민적 연대에 의해 뒷받침하고자하는 이 프로젝트는 예전과 비교해 매우 곤란해졌다는 점을 지적해야 할것이다. 글로벌한 자본 제휴가 가속화되고 있는 것에서도 알 수 있듯이 조직의 이해는 이미 국민의 경계 내부에 머무르지 않는다(상당수의 사람들은 국가보다도 기업을 '생존 단위'로서 보다 확실한 것이라고 느끼고 있을 것이다). 게다가 이 프로젝트는 곤란할 뿐만 아니라 바람직하지도 않다. 국민적 연대를 재건하고자 하는 담론은 확실히 생명 보장에 대해 사람들이 가지기시작한 불안의 감정에 호소하는데, 그렇게 해서 진행되는 연대의 강화는 국민적 정체성으로의 동일화를 강화하는 방향을 취할 터이다. 우리가 사회적 연대(사회국가가 매개하는 비인칭의 연대)의 재생을 바란다면, '사회적인 것'과 '국민적인 것'의 결합을 어떻게 해체할 것인가를 동시에 찾아야만 한다.

다른 하나는 '복지국가에서 복지사회로'라는 선택지, 즉 사람들의 욕구에 대응하는 공간을 국가에서 시민사회로 옮기는 것이다. 이것은 실현 곤란하거나 바람직하지 않은 것은 아니지만, 어느 정도 유보 사항을 덧붙일 필요가 있다. 왜냐하면 '복지국가에서 복지사회로'라는 것은 1970년대 후반 이후 정부 주도로 추진되어왔던 '일본형 복지사회'의 노선과 궤를 같이 하는 것이기 때문이다. "개인의 자조 노력과 가정이나 근린 · 지역사회 등의 연대를 기초로 하여 효율성이 좋은 정부가 적정한 공적 복지를 중점적으로 보장한다"(경제기획청, 『신경제 7개년 계획』, 1979년)라는 방향은 틀림없이 OECD가 제창했던 노선을 선취하고 있다.

'시민사회로'라는 방향은 생명의 보장을 기본적으로 개인의 자조 노력과 가족 · 친족 사이의 상호 부조에 맡기고, 그것이 기능하지 않는 경우에만 비로소 공적인 대응을 한다는 일본의 사회보장 시스템(그것은 비판적으로 '잔여적 복지 모델'이라고 부른다)에 매우 적합한 것이다. 그 문제점을 분명히 해두자. 첫째로 지역에 의한 돌봄, 가족에 의한 돌봄은 곧 여성에 의한 돌봄을 의미하는 근대 가부장제 이데올로기가 여실하다는 점. 그것은 남성도 돌봄의 담당자가 된다는 탈-가부장제화라는 방향을 거의 포함하고 있지 않다. 둘째로 지역의 연대나 자원봉사는 적어도 어떤 면에서는 정부의 사회보장을 지탱하고 보완하는 '하청'의 역할을 하기 십상이라는 점. 자원봉사를 하지 않고 자원봉사에 의한 지원을 받지 않겠다는, 자원봉사로부터 벗어날 자유가 제한된다면, 시민사회는 확실히 '동원'의 특징을 띨 것이다(나카노 도시오[中野敏男], 「자원봉사 동원형 시민사회론의 함정」, 『현대사상』 27권 5호). 셋째로 시민사회가 정치성을 벗어난 공간으로 표상되는 경향이 있다는 점. 자원봉사 활동 등의 시민사회적 활력은 그것이 비정치적인 한에서 환영받는다는 것이다. 다시 말하면 시민사회에서 평가되는 것은 사회적 행위이지 정치적 행위는 아니다. 사회적 행위(social action)(그것은 아렌트에 따르면 가장 큰 형용 모순이다)란 타자의 심신의 필요에 언어나 신체로서 대응하는 활동 양식이다(아렌트나 하버마스는 인[人]-간[間] 상호 행위의 이러한 차원을 적절하게 파악하지 않았다). 그러한 사회적 행위는 현재의 자원·재화의 분배 상황을 문제 삼으면서 새로운 욕구 해석을 제기하는 정치적 행위와도 불가분의 관계에 있다. 그럼에도 불구하고 돌봄 등의 사회적 행위는 정치와는 마치 관계가 없는 것처럼 이야기되는 경향이 뚜렷하다.

'능동적이고 활력적인 시민사회로'라는 방향에는 이러한 문제가 있다. 그러나 국가에 의한 일원적이고 집권적인 통치로부터 시민사회의 보다 다원적이고 분권적인 자기 통치＝자치로의 이행이라는 방향 그 자체를 처음부터 부정할 필요는 없다. 사회국가의 '과잉적인 통치'와 사람들의 '과소적인 자기 통치'는 표리 관계에 있고, 국가의 통치에 대한 의존성(clientism)은 확실히 비판되어야 마땅하다. 다만 그 의존에서 문제가 되는 것은 재정적 부담이나 도덕적 해이('게으른 민중'의 재생산)라기보다도 사람들의 정치적 역량의 상실이다. 서로의 신체적 욕구에 극히 무감각해져 가는 현실(예를 들면, 과로사)은 우리가 공공적 공간에서 '욕구 해석의 정치'를 게을리해왔음을 시사하고 있다. 만약 분권화가 재정적 부담의 위양(委讓)과 시민 에너지의 동원(더불어 '감사 시스템'[audit system]에 의해 매개된 통제)이 아니라 정치적인 탈-집권화를 정말로 의미하는 것이라면, '시민사회로'라는 방향은 자기 통치＝자치의 실천, 즉 정치적 자유 실천의 다양한 시도를 가져올 터이다. 공공적 가치를 어떻게 정의하고 그것을 어떻게 실현해가는가는 상당한 정도로 그러한 자기 통치＝자치의 작업이 될 것이다.

'시민사회로'가 정치적 권력의 분산을 의미한다고 한다면 그것은 환영해야 할 방향이지만, 그 경우에도 다음과 같은 유보 사항을 덧붙이고 싶다. 첫째는 비인칭의 강제적 연대라는 사회국가의 장점은 유지되어야 한다는 것이다. 사회국가의 의의는 사람들이 가족이나 공동체(공동체화하는 네트워크)로부터 벗어날 자유, 혹은 노동시장으로부터 벗어날 자유(기업이 실제적으로 공동체라고 한다면 전자와 동일한 말이 되겠지만)를 보장하는 데 있다.

또 하나 지적하고 싶은 것은 개인의 '능동성'이 노동시장에서의 경쟁 능력 유지·강화에 국한된다면, '약자'에 대한 원한(ressentiment) 혹은 '약자'의 '기민'(棄民)화는 피하기 어렵다는 것이다. 견해를 조금 바꾸면 그러한 '능동성'은 활동적이지 않으면 충분한 삶의 보장을 얻을 수 없다는, 강요된, 보다 깊은 수동성으로 발휘되는 것에 지나지 않는다. 이 수동적인 능동성에 집착하는 한, 사회보장은 질서 방위를 위해 어쩔 수 없이 치르는 최저한의 비용으로밖에 인식될 수 없을 것이다. 그것은 적어도 롤스가 강조한 자연적·사회적인 우연성에 대한 대처라는 의미를 잃어버릴 것이다. 우리의 현재 삶이 여러 겹의 자연적·사회적인 우연성 위에 구축되어 있다는 사실이 망각되고(확실히 우리는 이 사실을 잊기 쉽다) 현재 삶이 오직 과거의 노력이라든가 근면에 대한 정당한 보수라고 믿게 된다면, 사회적 연대라는 이념이 회복되는 일은 아마 없을 것이다. 사회적 연대라는 이념을 유지하기 위해서 필요한 것은 국민적 정체성을 부흥시키는 것이 아니라 우리 삶의 근본적인 우연성을 새삼 인식하는 것이다(지구상의 어떤 사회에서 삶을 누리는가라는 우연성에 대한 인식은 생명의 보장을 그 구성원에 한정할 수밖에 없는 사회국가의 틀도 상대화할 것이다).

사람들의 생명 보장에서 가족이 그 한 방식이 되는 '친밀권'은 중요한

위치를 점하고 있다. 다음 장에서는 '친밀권'이 가지는 공공권으로서의
가능성도 고려하면서 친밀권이 우리 삶에서 가지는 의미를 재고해보도록
하자.

제6장
친밀권과 공공권

1. 친밀권의 발현

'친밀권'(親密圈, intimate sphere)이라는 인간의 관계성은 근대가 되어서야 비로소 등장한다. 그 한 가지 형태는 하버마스가 『공공성의 구조전환』에서 묘사한 '소가족적인 친밀성의 영역'이다. 소가족은 귀족의 친족 관계나 일반 민중의 대가족과 구별되는 방식으로 18세기 중엽 시민층에게 중요한 가족 형태로서 등장한다. 하버마스가 그 특징으로 드는 것은 자유와 사랑과 교양(Bildung)이다. 친필권은 양성(兩性)의 자유로운 의사로 맺어지는 관계이고, 변덕스럽지 않은 애정을 매개로 하는 '사랑의 공동체'이며, 편지의 교환 등을 통해 '인간성'(Humanität)의 형성이 이루어지는 교양의 공간이다. 그것은 응접실을 통하여 친밀한 사교 공간으로도 열려 있고, 문예적 공공권을 육성하는 모태도 된다. 친밀권을 소가족에서의 사랑의 공간으로서 파악하는 시각은, 영국의 사회학자 앤서니 기든스(Anthony Giddens)도 가지고 있다(배은경·황정미 옮김, 『현대사회의 성, 사랑, 에로티시즘: 친밀성의 구조변동』, 새물결, 2001).

기든스에 따르면, 근대 초기에 친밀권을 성립시킨 것은 남-녀의 '낭만적 사랑'이다. 그것은 친족 관계의 속박이나 생명의 재생산으로부터 상대적으로 해방된 사랑의 형태이고, 사람들이 '순수한 관계'(pure relationship), 즉 "성적 · 감정적으로 대등한 관계"를 형성해갈 가능성(potential)을 가지고 있다. 그렇지만 그러한 소가족은 근대 가부장제의 권력으로 가득 찬 공간이기도 하며, '낭만적 사랑'은 여성을 가족에 얽어매는 사슬로서도 기능한다. 기든스는 친밀성의 유대가 그 후 '낭만적 사랑'으로부터 '합류하는 사랑'(confluent love)으로 변용되어온 과정에서 다소 낙관적인 전망을 발견하고 있다. '합류하는 사랑'은 보다 우발적이고, 젠더 사이의 관계가 보다 대칭적이며, 성적인 충족을 보다 중요시하는 사랑이고, 비교적 이성애주의(heterosexism)로부터도 벗어나 있다. 즉 그것은 '순수한 관계'에 보다 접근되어 있다는 것이다.

아렌트는 '사랑의 공동체'의 탄생이라는 문맥과는 다른 지점에서 근대에서의 친밀권 발현을 바라보고 있다. 그는 하버마스처럼 그것을 사적 영역 안에 위치짓지 않는다. 친밀권은 '사회적인 것'의 위력, 그 획일주의(conformism)의 힘에 저항하기 위한 공간으로서 나타난다. 장 자크 루소(아렌트는 그를 "친밀성에 대한 최초의 명석한 탐구자 [……] 최초의 이론가"라고 부른다)가 저항한 것은 정치적인 억압이 아니라, "인간의 마음을 참을 수 없을 정도로 왜곡하는 사회의 힘, 인간의 내적 영역에 침입해오는 사회"(『인간의 조건』, p. 91)였다. 루소가 '인간에의 의존'이라고 부르며 멸시한 세평(世評)의 권력, 거짓가면 쓰기를 강요하고 인간을 분열시키는 '사회적인 것'의 팽창이야말로, 친밀권(자기가 자기일 수 있고, 존재[être]와 외관[paraître]이 분열되지 않은 투명한 공간)이 발명된 이유라고 보는 것이다. 친밀성을 둘러싼 아렌트의 논의에서 특징적인 것은, 잃어버린 공공적 공간의 소위 대상(代償) 공간으로 친밀권을 파악하는 시각이다. 그녀는 '어두운 시대'의 친밀성에 대하여 다음과 같이 서술하고 있다.

그러한 시대에서는, 사람들은 서로가 가까워지려 하고 따뜻한 우정 속에서 공공적 영역에만 던져지는 빛과 조명의 대체물을 얼마나 강력하게 욕구하고 있는가를 우리는 보아왔다. 그러나 이것은 그들이 논쟁을 피하고 가능한 한 대립을 불러일으키지 않는 사람들과만 관계를 지니려 함을 뜻하는 말이다. (한나 아렌트, 권영빈 옮김, 『어두운 시대의 사람들』, 문학과지성사, 1983, p. 40)

아렌트가 보는 한, 친밀권은 어디까지나 공공성의 빛이 가려진 '어두운 시대'의 대상(代償)적인 대화 공간이지, "모든 다양성을 가진 사람들의 '사이의 공간'(interspaces)에서만 형성될 수 있는 세계"(『어두운 시대의 사람들』, p. 41)로서의 공공적 공간 그 자체는 아니다. 공공적 공간은 친밀권이 단순히 확장된 것이 아니라고 보는 시각은, 만년의 저서 『정신의 삶』에서도 강조된다. "진리의 보증으로서 의사소통의 중요성을 주장한 근대 철학자가 자주 범하는 잘못은 대화의 친밀성, 즉 내가 나 자신이나 '또 하나의 자기'(아리스토텔레스의 '친구', 야스퍼스의 '애인', 부버의 '너')에게 호소한다는 '내적 행위'의 친밀성이 확장되어 정치적 영역에서 모델이 될 수 있다고 믿어버리고 있다는 점이다"(사토 가즈오[佐藤和夫] 옮김, 『정신의 삶 2: 의지』, 岩波書店, 1995, p. 239)[11]

친밀권에서의 사람[人]-사이[間]의 복수성이 공공적=정치적 영역의 '무한한 복수성'에는 도달할 수 없다고 하는 시각은 확실히 틀리지는 않았다. 친밀권에서 성립하는 대화는 항쟁이 없고, 따라서 정치성이 결여될지도 모른다. 그것은 거리감을 잃고 "모든 차이를 불식시키는 과도한 동

---

[11] 『정신의 삶』(*The Life of the Mind*)은 아렌트의 만년의 저작으로서 애초에 1권 '사유' (thinking), 2권 '의지'(willing), 3권 '판단'으로 기획되었으나 1975년 그녀의 갑작스런 죽음으로 3권은 완성되지 못했다. 한국어 번역은 이 가운데 1권을 번역한 것이다. 따라서 2권의 번역은 일역본을 인용한다.

포애"에 빠질지도 모른다. 밖에서 보면 친밀권에서의 대화는 안으로 닫힌 등질적인 의사소통으로밖에 비치지 않을지도 모른다. 친밀권의 복수성은 확실히 위약하다. 그렇지만 이러한 시각에 대해서, 사람들은 과연 '무한한 복수성'으로 특징지어지는 공공적 공간에 아무런 매개도 없이 참여할 수 있을 것인가, 혹은 친밀권에서의 대화는 정말로 정치와 무관한 것인가, 그것이 정치적인 권력(아렌트가 말하는 의미에서의 '공동의 협의'에서 파생되는 힘)을 창출하는 것은 아닌가 하고 반문할 수 있다. 친밀권은 공공적 공간 그 자체일 수는 없다는 아렌트의 인식에 입각(그리고 아름다운 관계에 대한 그녀의 경계심을 공유)하면서도, 친밀권을 한층 더 양의적인 위치에 둘 필요가 있을 것이다.

2. 친밀권과 공공권, 그리고 가족

공공권과 친밀권을 분석적으로 구별하는(분석적으로 구별 가능하다는 것은 실제로는 그 둘이 겹쳐질 수 있다는 것을 의미한다) 적절한 기준은, 공공권이 사람들 '사이'에 존재하는 **공통의 문제**에 대한 관심에 의해 성립하는 데 반해, 친밀권은 **구체적인 타자의 삶/생명**에 대한 배려·관심에 의해 형성·유지된다는 점이다. '구체적'이라는 것은 이중의 의미가 있다. 첫째로 친밀권의 타자는 안면 없는 일반적인 타자, 추상적인 타자가 아니다. 친밀권의 관계는 간(間)-인격적(inter-personal)이어서, 그러한 인칭성을 결여한 공간은 친밀권이라고는 부를 수 없다. 둘째로 친밀권의 타자는 신체를 갖춘 타자이다. 친밀권에서는, 정도의 차이는 있다고 해도, 타자의 생명·신체에 대한 배려가 사람들을 이어주는 매체이다. 거기에서 '비오스'($\beta\iota o\varsigma$)라는 삶의 위상은 '조에'($\zeta\omega\widetilde{\eta}$)로부터 분리될 수 없다.

한편 친밀권과 가족은 분석적으로 어떻게 구별할 수 있을까. 친밀권에서는 사랑이라는 감정이 사람들을 묶어주기도 하지만, 그것이 전부는 아니다. 친밀권과 소가족과 '사랑의 공동체'를 동일시하는 시각은 몇 가지 문제를 안고 있다. 우선 문제는 가족과 '사랑의 공동체'를 등치시키는 데 있다. 가족과 사랑을 결합하는 '가족애'의 이데올로기를 새삼 지적할 필요는 없을 것이다. 그것은 한 구성원에게만 일방향적인 봉사와 헌신을 요구하는 장치로서 작용해왔다. 게다가 그 '사랑'이 오로지 이성애를 가리킨다면 그러한 '가족애' 이데올로기는 동시에 이성애주의를 재생산·강화하는 장치이기도 하다. 그것은 이성애로 결합된 부모, 애정에서 나오는 돌봄이라는 모델에 적합하지 않은 가족(동성애자 '가족', 편부모 '가족' 등등)을 '비정상'적인 것으로서 표상하는 효과를 가진다. 이에 반해 최근 제기되고 있는 다른 식의 접근법은 '가족의 다원화'이다. 이것은 다양한 생활방식을 취하는 동거의 형태, 예를 들면 친구끼리 노후 생활을 함께 하는 동거, 장애를 가진 사람들이 공동으로 생활하는 '공동 가정'(group home) 등도 가족으로 적극적으로 재정의하려고 한다. 이런 접근은 '정상'이라고 여겨온 기존의 가족상을 의문시하고 애정을 반드시 가족 고유의 매체라고는 생각하지 않는다는 점에서 확실히 큰 장점을 가지고 있다. 그러나 가족의 정의를 무한히 확장해가는 것이 적절한가는 의문의 여지가 있다. 가족은 다양한 권리·의무·책임을 발생시키는 법적인 단위이기도 하기에 그 정의의 확장에는 한계가 있기 때문이다.

둘째로 친밀권은 가족이라는 형태(혈연/동거/가계의 공유)로는 환원될 수 없다. 친밀권은 구체적인 타자의 삶/생명에 대한 배려·관심을 매개로 한다는 관점에서 보면, 예를 들면 '자조 그룹'(self-help group)[12]은 분명히 친밀권의 한 형태이다. 이것은 동일한 어려움을 가지고 있는 사람들, 똑

---

12 만성질환·장해를 가진 사람과 그 가족이 상호 지원을 위해 조직한 그룹. 환자회 등.

같은 부정적인 경험에 처하기 쉬운 사람들이, 고립되면 가질 수밖에 없는 역경을 타개하기 위해서 형성하는 집단이다(알코올·약물 의존, 심신의 장애·질환, 범죄 피해나 학대의 경험, 등교 거부, 해고 등 동일한 삶/생명의 곤란은 다양하다[구보 히로아키(久保紘章)·이시카와 도가쿠(石川到覺), 『자조 그룹의 이론과 전개』, 中央法規, 1998 참조]). 자조 그룹은 정보나 의견의 교환을 통하여 직면한 문제에 대한 인식을 심화하고, 외부를 향하여 문제를 제기해가는 공공권의 측면을 가지기도 하지만, 그 경우에도 서로의 삶의 구체적인 곤란에 주의를 기울이는 측면은 역시나 불가결하다. 이것보다도 좀 더 느슨한 연결, 즉 기회 있을 때마다 서로 방문하는 친구들 사이의 관계나 의논·잡담을 즐기기 위한 '살롱'(salon)적인 관계도 친밀권에 포함된다. 타자의 구체적인 삶/생명에 일정한 배려나 관심을 갖는 것이 친밀권의 최소 조건이다. 따라서 현실에 존재하는 가족 모두가 친밀권이라고 할 수는 없다. 살아가는 공간의 '분리'(segregation)가 가족 안에서 생기는 경우도 있다. 서로 등 돌리고 사는 가족은 더 이상 희귀한 현상이 아니다.

여기서 프라이버시에 대해서도 부언해두자. 프라이버시의 경계는 가족의 공간과는 일치하지 않는다. 그것은 가족의 내부, 즉 배우자(partner) 사이, 부모와 자식 사이에도 있다. 이 사이에서 생기는 가정 내 폭력(성적 폭력, 아동 학대, 피보호자에 대한 학대 등)에 대한 주목은 가족이라는 폐쇄적 공간이 가장 처참한 폭력의 공간이 될 수도 있다는 인식을 가져왔다. 그것은 가족 내부의 폭력은 사적으로 해결되어야 할 개인의 불행이 아니라 공공적 대응을 필요로 하는 부정의라고 재인식할 수 있게 했다. 또한 가족 돌봄은 돌보는 사람을 닫힌 관계 속에 가두고, 자기 자신을 유지하기 위해서 필요한 시간·공간을 그로부터 박탈하기 십상이며, 그것이 학대를 낳는 간접적 원인이 되기도 한다는 문제제기가 재택 돌봄의 현장에서부터 나오기도 했다(가스가 기스요[春日キスヨ], 『개호와 젠더』, 家族社, 1997 참조).

프라이버시는 개인이 자신의 신체, 자신의 삶/생명의 리듬, 자신에 대한 정보(병력[病歷]·'쇼핑력'을 포함), 자신이 깊은 애착을 가지는 물건 등을 타자의 자의적인 접근으로부터 지키는 공간, 타자가 본인의 동의 없이는 접근할 수 없는 영역으로 재파악되어야 할 것이다. 보이지 않게 하는 것, 들리지 않게 하는 것, 만질 수 없게 하는 것…… 즉, 이 경우에는, '사적'이라는 것은 '박탈'이 아니라 개인이 능동적으로 선택하는 것이다.

3. 친밀권의 정치적 잠재성

자조 그룹에 대해 서술했듯이 친밀권은 동시에 공공권의 기능을 가지기도 한다. 그렇다기보다도 오히려 새롭게 창출되는 공공권의 대부분은 친밀권이 전환되어 생겨난다고 말하는 편이 보다 정확할 것이다. 예를 들면 1990년대 후반부터 각지에서 직접민주주의의 실천이 일어나고 있지만, 그 대부분은 주민 사이의 '대화의 친밀성'에서부터 시작된 것이다. 주민투표가 쟁점으로 삼아온 것은 원자력발전소, 산업폐기물처리장, 군사기지, 토목건설 공공사업 등이다. 그것은 위험을 주변에 강요하고, 생태계를 파손하고, 부정적 유산을 후대에 남겨주는 사업을 감행하는 문화의 존재에 대한 비판이었다. 새로운 가치 판단을 공공적 공간에 던지는 문제제기는, 다수(majority)와는 다른 가치관(생명관·자연관·인간관)을 유지·재형성해온 친밀권에서부터 생겨난 것이 많다. 구리하라 아키라(栗原彬)는 미나마타병 환자와 교류한 경험에 입각해 이 점을 설명하고 있다.

'진보와 개발' 위주의 일본 특유의 행정적 공공성을 시민적 공공성으로 재편하는 공공성의 전환은 확실히 시민운동이나 반공해 투쟁 가운데 일어났는데, 미나마타병 환자라는 '타자'의 입장에서 보면 그 후에 이교통(異交通)적인 공공성이 개척되었습니다. '이교통'이라는 사고는 비결정의 존재들끼리 차이를 유지한 채로, 그 존재를 상호 수용하는 관계입니다. [……] 표상의 정치 안에 있으면서도, 친밀한 관계를 맺음으로써 서로의 코드를 존중하고 그 사람의 존재를 존중합니다. 그러한 방식이 친밀권으로부터 새로운 공공성, 타자성에 입각한 공공성을 세우는 것으로 이어질 거라는 느낌이 듭니다. (「표상의 정치: 비결정의 존재를 구출하다」, 『思想』 907호)

구리하라가 친밀권에서 발견한 것은 타자를 자신의 코드(규범·화법)에 회수하지 않는, 타자성에 대해 더욱 수용적인 사람[人]-사이[間]의 관계인데, 그것은 기존의 문화적 코드를 재생산하기 십상인 '시민적 공공성'의 의사소통으로부터 구별된다. 지금까지의 지배적인 문화 코드를 고쳐 쓸지도 모르는 새로운 정치적 잠재성은 타자에 대한 '결정'을 요구하지 않는 친밀권의 의사소통 안에서 육성된다고 보는 것이다. 완전한 이해를 포기하는 것, 타자가 타자로서 존재하고 타자로 존재하려고 하는 것을 긍정하는 것, 관심을 기울이면서도 거리를 줄이지 않는 것, 친밀권은 그러한 타자와의 느슨한 관계의 지속도 가능하게 한다.

새로운 가치의 제기가 담론의 정치라는 형태를 곧바로 취한다고 할 수는 없다. 그것은 '전시 정치'(展示政治, display politics)라고 불러야 할 형태를 취할 수도 있다. 즉 가치관을 달리하는 타자에 대하여 호소하거나 설득하는 언어를 가지고 마주하기보다도 오히려 다른 식의 삶의 방식 제시, 다른 식의 행동양식 제시(장애자 연극 등), 다른 식의 작품 제시라는 스타일을 취한다. 그러한 다른 식으로 세계를 표현하는 것은, 그것을 보고 듣는 사람들에 의해 담론의 차원으로 번역되거나 그것을 모방하는 미메시스의 실천을 촉발해간다. 이러한 전시 정치는 하버마스가 말한 공공성보다도, 아렌트가 묘사한 '현상'의 공공성에 더욱 친화적이다. 공공적 공간은 반드시 담론의 정치로 일원화되는 것은 아니라는 것에 주목하고자 한다.

공공적 공간이 얼마만큼의 넓이를 갖는가는 사람에 따라 다르다. 세일라 벤하비브는 아렌트의 『라헬 바른하겐』(Rahel Varnhagen, 1959)(18세기 말부터 19세기 초에 걸쳐 베를린의 어느 살롱의 중심인물이 된 동명[同名] 여성의 전기)에 대해 언급하면서 한 시기의 여성에게는 살롱이라는 친밀권이 가장 넓은 공공적 공간이었다는 것을 시사하고 있다(오시마 가오리[大島かおり] 옮김, 「파글리아[Paglia]와 그 그림자」, 『미스즈』 466·467호). 공공적 공간에서 일반적인 타자를 향해 개인으로서 말할 수 있는 사람은 한정되어 있고, 반대로 때때로 이루어지는 몇몇 친구와의 대화가 '공공적 공간'으로서의 의미를 가지는 사람들도 있을 것이다. 벤하비브는 『라헬 바른하겐』에서 그 후 아렌트가 잃어버린 가능성, 즉 살롱에서의 사교＝'대화의 친밀성'이 정치적 연대의 끈이 될 수 있다는 관점을 탐색하려고 한다. 친밀권의 대화는 잃어버린 혹은 단념된 공공적 공간의 대체물이라고만 할 수 없다. 그것은 아렌트가 보는 것보다도 더욱 양의적인 것이다. 친밀권이 상대적으로 닫혀 있는 것은, 한편으로는 차이와 항쟁을 결여한, 따라서 정치성을 상실하는 조건임과 동시에, 다른 한편으로는 외부를 향한 정치적 행위를 가능하게 하는 조건일 수도 있다. 친밀권은 "상대적으로 안전한 공간"(글로리아 안젤두아[Gloria E. Anzaldúa])으로서, 특히 그 외부에서 부인 혹은 멸시의 시선에 노출되기 쉬운 사람들에게는 자존 혹은 명예의 감정을 회복하고, 저항의 힘을 획득·재획득하기 위한 의지처일 수도 있다. 친밀권이 공공적 공간을 향한 커밍아웃을 지지하고, 발화하는 사람을 공격으로부터 지키는 정치적 기능을 수행함을, 우리는 예를 들면 '종군위안부' 여성들의 행위 등을 통해 알게 되었다.

이렇게 보면 친밀권은 담론의 공간임과 동시에 감정의 공간이기도 하다는 것을 새삼스럽게 깨닫게 된다(물론 감정에 있어서 담론은 결코 외재적인 것은 아니지만). 감정이라고 해도, 기든스가 말하는 '낭만적 사랑'이나 '합류하는 사랑'과는 상당히 이질적인 감정이다. 그것은 공포를 느끼지 않고 말할 수 있다는 감정, 무시당하지는 않을 것이라는 감정, 거기서 물러날 수 있다는 감정, 거기에서는 자신이 여러 번 느낀 감각이 이해받을 수 있다(받을지도 모른다)는 감정……, 즉 배척되지는 않는다는 감정이다. 아렌트의 견해로 보면 그러한 감정은 사람들 사이의 차이를 지우는 비정치적인 감정으로 파악될지도 모른다. 차이와 항쟁이 없는 '가정'을 바라는 감정이 어떤 폭력과 억압을 낳을 수 있는가라는 지적이 다시 생길지도 모른다. 확실히 친밀권에서 감정의 기제는 양의적이다. 지지하는 것과 잡아매는 것, 배려하는 것과 집어삼키는 것, 주목하는 것과 감시하는 것……. 요약하면 '상대적으로 안전한 것'과 '상대적으로 위험한 것'은 표리의 관계에 있다. 친밀권이 동화와 억압의 공간으로 전환할 위험성은 항상 잠재해 있으므로, 거기에서부터 벗어날 자유는 제도적으로도 보장되어야 한다.

그러나 자신의 존재가 무시되지 않고, 자신의 말이 묵살되지 않는 '사이'를 가질 수 있다는 것은 자존감에 있어서 역시 중요한 의미를 갖고 있다. 아렌트는 자신의 행위나 말로 공공적 공간에 '현상'하는 용기를 '정치적 덕성'으로서 중시하는데(『인간의 조건』, pp. 282~283), 부인이나 멸시도 두려워하지 않는 이 덕성은 어떻게 길러지는 것일까? 그것은 자신이 어딘가에서(가족에게만 한정될 수 없다) 긍정되고 있다는 감정을 배경으로 가질 터이다. 친밀권은 거기에서 사람들 '사이'가 어떤 감정의 기제를 만들어내는가 하는 관점으로부터도 재파악되어야 할 것이다. 그것은 애정의 공간이라고 부르기에는 지나치게 다의적이고, 또 그것이 내셔널리즘이나 쇼비니즘의 숨겨진 진원지라고 하는 단순한 환원론도 타당하지 않다. 친밀권을 이해하기 위해서는 애덤 스미스를 본떠서 이야기하자면 결이 촘촘한 '정치감정론'이 필요하다.

제7장
주체와 공공성
—삶/생명의 복수적 위상과 공공성의 복수적 차원

지금까지 서술한 것에서 짐작할 수 있듯이, 나는 주체는 물론이고 공공성도 일의적인 것, 단일한 것으로 파악하지 않는다. 우리에게는 몇 개의 삶/생명의 위상이 있고, 공공성도 그에 대응해 몇 개의 차원에 걸쳐 있다. 주체와 공공성을 복수적 위상과 차원에서 관계 짓는 시각은 개인과 공동체라는 문제제기와 어떻게 다를까?

개인과 공동체라는 문제 설정은, 개체와 공동의 관계를 한 사람의 개인이 하나의 국가에 귀속하고, 어떤 구성원이 어떤 공동체에 귀속한다는 식으로 그려낸다. 양자의 관계는 단일한 차원에서 논의되는 것이다. 모든 개인이 추구하는 '선한 삶의 구상'이 화해 불가능할 정도로 다원화된 조건 하에서, 국가의 활동을 정당화함과 동시에 그것을 제약해야 하는 '공공적 가치'란 무엇인가? 개인의 정체성을 내부에서부터 구성해야 하는 공동체의 '공통선'이란 무엇인가? 혹은 "각 개인이 모든 사람들과 연결되면서도 자기 자신에게만 복종하며 이전과 마찬가지로 자유로운 것", 이것을 가능하게 하는 '조합(association)의 형성'이란 무엇인가(루소, 『사회계약론』)……. 개인과 공동체라는 문제 설정은 하나의 공동성의 차원이 마치 인간의 삶 전체를 포섭하는 의미를 가지는 것처럼 묘사한다. 그러나 우리의 삶/생명은 그렇게 일차원적으로 파악될 수 있을 만큼 단순하지는 않다. 마지막으로 그 의미를 되돌아보고자 한다.

우선 이른바 '개인'에 대해서 말하면, 우리는 단 하나의 '정체성=동일성'을 살아가고 있는 것이 아니다. '정체성'이라는 단어를 사용한다면 주체의 정체성은 통상 복수적이다. "통상"이라고 말하는 것은 주체가 어떤 단일한 집단(가족이건 사회이건 종교적 공동체이건 민족적 공동체이건 국민국가이건)에 배타적으로 동일화하려고 하는 경우도 확실히 있기 때문이다. 그러한 동일화는 '과잉동일화' 혹은 '상처받은 애착'으로 불러야 할 병리적인 것이고, 우리는 오히려 그러한 병리를 낳은 정치적 · 사회적 조건을 비판해야 할 것이다. 통상적으로는 어떤 집단이 표상하는 정체성이 보다 큰 비중을 차지할 때가 있다 해도, 그 이외의 정체성이 사라지는 것은 아니다. 주체는 그 자체가 복수적 정체성, 복수적 가치의 '사이 공간'(inter-space)이고, 그 공간에는 항상 어떤 갈등이 존재한다. 주체가 복수적이고, 그 사이에 항쟁이 존재한다는 것은 주체가 파편화되어 있음을 의미하지 않는다. 갈등과 항쟁이 존재한다는 것은 복수의 이질적인(경우에 따라서는 서로 대립하는) 정체성이나 가치가 서로 관련 맺고 있다는 것을 의미한다.

아렌트는 주체 내부에 있는 복수의 가치 사이의 대화를 '사고'라고 부른다. 이 시각에서 보면, 일의적인 정체성에 경직되고, 단일한 가치에 응고된 주체는 더 이상 사고가 불가능하다. 주체(사고하는 존재자로서의 자기)에게 위기는, 다양한 가치를 질서 짓는 어떤 중심적 · 지배적인 가치가 결여되어 있음(소위 '정체성의 위기')이 아니라, 거꾸로 어떤 하나의 절대적인 가치가 주체를 지배하는 '정체성이라는 위기'이다. 복수성은 공공성에서 '정치적인 삶'의 조건임과 동시에, 주체의 '정신적인 삶'의 조건이기도 하다. 우리가 염려하지 않으면 안 되는 것은 정체성을 잃어버리는 것이 아니라, 타자를 잃어버리는 것이다. 타자를 잃는다는 것은 응답받을 가능성을 잃는 것이다. 그것은 언어의 상실을, 즉 '언어를 가진 동물'(zoon logon ekon)로서의 정치적인 존재자에게 '죽음'을 초래한다.

> 복수성은 모든 정치적 삶의 '필요조건'일 뿐만 아니라 '가능조건'이라는 의미에서 절대적 조건이다. 그래서 우리가 알기에 가장 정치적인 로마인의 언어에는 '살다'와 '사람들 사이에 존재하다'(inter homines esse), 또는 '죽다'와 '더 이상 사람들 사이에 존재하지 않는다'(inter homines esse desinere)는 동의어로 사용된다. (한나 아렌트, 이진우 · 태정호 옮김, 『인간의 조건』, 한길사, 1996, p. 56)

사람들 '사이'의 상실은 종종 '사이'를 넘어선 차원에 있는 어떤 절대적 가치에 대한 배타적인 자기 동일화를 야기한다. 그러한 일의적 · 배타적인 동일화가 폐기하는 것은 바로 복수의 가치 사이에 있는 담론 공간으로서의 공공적 공간이다.

친밀권/공공권은 우리 '사이'에 형성되는 공간이다. 우리가 살아가는 '사이'는 단 하나의 차원으로 완결되는 것일 수 없다. 우리는 차원을 달리하는 복수의 '사이'를 살아가고 있다. 그러한 다원적인 '사이'는 모두 우리의 삶/생명에서 불가결한 것으로서 존재한다. 지금까지 논의해온 사람들의 '사이'는 다음과 같은 차원에 걸쳐 있다.

살아간다는 주체의 위상에 대해 우선 말하면, 친밀권은 생명의 다양한 필요에 따르는 활동이 구체적인 타자와의 사이에서 이루어지는 공간이다. 거기에는 의 · 식 · 주와 관계된 활동은 물론이고, 낳고 · 기르고 · 늙고 · 병들고 · 죽는 것에 관계된 모든 돌봄(care)의 활동도 포함된다. 구체

적인 타자의 생명·심신에 작용하여 그것을 지탱하는 상호 행위(상호 행위는 대등한 관계에서의 담론으로만 축소되어야 하는 것은 아니다)는 타자의 존재를 긍정(affirm)한다는 의미를 근본적으로 가지고 있다. 주체의 생명이라는 위상에는 마찬가지로 시민사회의 공공성도 관련되어 있다. 돌봄 네트워크는 생명을 지탱하는 중요한 차원이 되고 있으며, 재해에 맞닥뜨린 '인간의 안전보장'에서 결정적인 역할을 하는 것도 공공성의 이러한 차원일 것이다(소토오카 히데토시[外岡秀俊], 『지진과 사회: '한신대진재'기』[상·하], みすず書房, 1998). 그리고 국가의 공공성(비인칭의 강제적인 연대의 시스템으로서의)은 우리의 생명을 보장하도록 공공적 가치를 실현한다는 책무를 지고 있다. 무엇을 공공적 가치라고 할 것인가는 새로운 욕구 해석의 제시에 열려 있는 공공적 공간에서 검토되어, 그때마다 다시 정의되어야 할 것이다.

주체에게는 생명과는 다른 위상도 있다. 그 하나는 주체가 타자와 공유하는 세계에 관련되는 것이다. 그것에 대응하는 공공성의 차원은, 공통의 세계가 어떠해야 하는가를 둘러싼 의견, 특히 규범의 타당성(정의)에 대한 판단을 서로 교환하는 의사소통이다. 집합적인 의사결정을 회피할 수 없는 이 차원에서는, 당면한 합의를 형성하는 것이 공공적 공간에서의 토의 과제가 된다. 여기서 부언해두어야 할 문제는 공통의 세계를 둘러싼 정의에 대한 물음이 '일국 공공성'의 사정거리를 벗어난 경우에, 누구를 '합의'를 형성해야 할 행위자(actor)로 간주해야 하는가 하는 것이다. 하버마스는 코소보에 대한 나토(NATO)의 소위 '인도적' 개입을 지지하고, 이미 민주화되고 자듀주의적인 정치문화가 정착되어 있는 모든 국가(즉 개입을 행한 국가) 사이의 '합의'를 근거로 그것을 정당화했다(Jürgen Habermas, "Bestialität und Humanität: Ein Krieg an der Grenze zwischen Recht und Moral", *Die Zeit*, 29, April, 1999). 지면이 한정되어 깊이 논의할 수 없는 많은 미묘한 쟁점이 있지만, 국제연합의 심의 회피(이미 존재하는 절차의 경시)와 더불어, 공공성을 대리=대표하는 것을 정당화하는 입장에는 역시 문제가 있다. 에드워드 사이드(『오리엔탈리즘』을 쓴 팔레스타인 출신의 철학자)는 본인을 배제한 대리인들의 '공공성'을 정당화하는(팔레스타인 사람들이 부재한 상황에서 '팔레스타인 문제'를 협의하는) 요소가 하버마스의 토의 이론에 존재함을 시사한 적이 있다. 민주적 공공성의 이념은 누구의 목소리도, 누구의 말도 봉쇄되어서는 안 된다는 데 있고, 당사자가 소외되는 공공성은 전혀 그 이름에 값하지 않는다. 중요한 것은 공공성에 대한 접근을 명백하게 비대칭적인 것으로 만들고 있는(넓은 의미의) 자원의 분배 상황을 문제 삼고, 그것을 보다 대칭적인 것으로 접근시켜가는 것이다.

공공성은 생명의 보장이나 공통 세계의 정의(正義)로는 환원되지 않는다. 또 하나의 차원은 개별적 삶의 공약 불가능한 위상에 대응한다. 이 차원에서 공공성은 사람들이 소유할 수 없는 '세계'의 제시(언어나 행위에서의 '현상')를 보고 듣고, 향수하는 공간을 의미한다. 이 차원에서 정치는 이미 공약 가능한 가치(누구에게나 평등하게 보장되어야 하는 공공적 가치, 정당한 규범)의 정의를 둘러싸고 이루어지는 것이 아니다. 정치는 다른 가치나 삶의 양식을 표현하는 것과 관련된다. 그것은 '윤리로서의 정치'(ethico-politics)라고 할 만한 요소도 포함할 것이다. 이는 푸코가 '도덕규범'(code moral)과 대비되는 의미에서 '윤리'(ethique)('존재의 기술'[arts de l'existence]이라고도 부른다)라고 부르는 것이다.

내게는 이러한 문제 설정이 우리 사회에서 분명 대단한 중요성을 지녔던 실천들의 총체와 관련되어 있는 것처럼 보였다. 이것을 '존재의 기술'이라고 부를 수 있을 것이다. 이 말은 인간들이 그것을 통해 스스로 행동 규칙을 정할 뿐 아니라 스스로를 변화시키고 그들의 특이한 존재 속에서 스스로를 변형시키며, 그들의 삶을, 어떤 미학적 가치를 지닌, 그리고 어떤 양식의 기준에 부합하는 하나의 작품으로 만들고자 하는 신중하고도 자발적인 실천으로 이해해야만 한다. (미셸 푸코, 문경자 · 신은영 옮김, 『성의 역사 2: 쾌락의 활용』, 나남출판, 1990, p. 25)

미적 가치란 일반화 가능한 척도로는 잴 수 없는 가치이다. 아렌트는 이러한 차원의 공공성=‘현상의 공간’을, 미적=정치적 판단이 타당한 공간으로 묘사했는데, 그것은 공약 불가능한 것을 공약 가능한 것으로 회수하지 않고 판단하기 위해서였다. 아렌트는 그 ‘윤리’를 소크라테스의 말을 빌려 다음과 같이 표현한 적이 있다. “타자에게 현상하기 원하는 대로 존재하라”(Be as you would wish to appear to others). 이것은 다음과 같이 바꾸어 말할 수도 있다. “타자에게 현상하기 원하는 대로 자기 자신에게 현상하라”(Appear to yourself as you wish to appear to others)(아렌트, 홍원표 옮김, 『혁명론』, 한길사, 2004, p. 188). 똑같이 ‘자기에 대한 배려’를 중시한 아렌트와 푸코의 흥미 깊은 친화성을 자세히 살펴볼 여유는 더 이상 없지만, 그녀/그가 공약 불가능한 삶의 위상이 제시되기 위한 공간으로서 공공성의 어떤 차원을 묘사하고 있는 것은 분명하다.

우리 삶의 위상이 복수이듯이, 공공성도 복수의 차원을 가진다. 우리가 하나의 삶/생명의 위상만을 살아가는 것이 아니듯이, 공공성도 어떤 하나의 차원만이 중요한 것은 아니다. 우리는 욕구란 무엇인가에 대해 해석하고 공통의 세계에 대해서 서로의 의견을 나누며, 규범의 타당성에 대해 논하고 자신이 결코 소유할 수 없는 세계의 일부를 타자가 보여주기를 기다린다. 우리 ‘사이’에 형성되는 공공성은 그러한 몇 개의 차원에 걸쳐 있다.

공공성 혹은 공공적 공간은 고대 그리스, 로마로까지 거슬러 올라가는 주제인데, 공공성을 공동체와 구별하지 않는다면 공공성에 대한 문헌은 주요한 것만 간추려도 방대한 양에 이를 것이다. 또한 공공성은 현재 전문 영역으로 확립되어 있는 분야(공공경제학·공공정책·공공선택 등)의 연구 주제이기도 하기 때문에 참고해야 할 문헌도 적지 않다(예를 들면, **미야모토 겐이치[宮本憲一], 「공공정책을 권함: 현대적 공공성이란 무엇인가」**, 有斐閣, 1998). 다만 이러한 분야에서 '공공성'은 오로지 '공공재'라는 의미로 해석되고 '공공재'의 정의도 거의 전제되어 있는 경우가 많다. 공공성을 공동체로부터 분별하고 그것을 사람들 사이에 형성되는 담론과 행위의 공간, 공공적 가치를 해석하고 정의해야 할 정치가 이루어지는 경기장(arena)으로 재정의하려는 관점을 가진 문헌은 거의 없다. 여기서는 우리가 앞으로 공공성을 연구할 때 풍부한 시사점을 줄 몇몇 작업을 소개하고 더불어 본론에서는 충분히 설명할 수 없었던 문제에 관한 문헌을 제시하고자 한다.

한나 아렌트의 『인간의 조건』은 역시 매력적인 작품이다. 본론에서 지적했던 것처럼 몇 가지 한계도 있으나 그 사상이 지향하는 바는 '고대 그리스로의 복귀' '하버마스·아렌트적 공공성' 등으로 불리는 논의의 수준을 훨씬 넘어서 있다. 다시 읽을 때마다 새로운 발견과 새로운 해석을 촉발하는 텍스트를(우치다 요시히코[內田義彦]를 빌려 말하자면) 고전이라고 부른다면『인간의 조건』은 틀림없이 그 이름에 어울릴 것이다. 될 수 있으면『전체주의의 기원』,『과거와 미래 사이』,『혁명론』,『어두운 시대의 사람들』,『정신의 삶』, 나아가『예루살렘의 아이히만』(영화「스페셜리스트」는 이 책의 해석에 따라 아이히만을 묘사하고 있다) 등 그녀의 다른 작품도 읽어 보기를 권한다. **지바 신(千葉眞)의『아렌트와 현대: 자유의 정치와 그 전망』** (岩波書店, 1996), **가와사키 오사무(川崎修)의『아렌트: 공공성의 복권』**(講談社, 1998)은 아렌트를 읽기 위한 적절한 안내자가 되어줄 것이다.

　　위르겐 하버마스의『공공성의 구조전환: 시민사회의 한 범주에 관한 연구』 (한국어 번역은 한승완 옮김,『공론장의 구조변동』, 나남출판, 2004)는 공공성을 둘러싼 논의 전개에 미친 영향에서『인간의 조건』을 넘어서는 작품이다. 하버마스가 계몽기의 시민적 공공성을 '자유주의적 모델'에 과도하게 대입하여 해석한 점도 있고 해서 이 작품은 지금까지 숱한 비판을 받아왔다. 크레이그 캘훈이 편집한 **『하버마스와 공공적 공간』**(*Habermas and the Public Sphere,* Cambridge: MIT Press, 1992)는 그러한 비판 가운데 몇몇을 수록하고 있다. 그 가운데에서도 **세일라 벤하비브의「공공 공간의 모델: 한나 아렌트, 자유주의의 전통」**("**Models of Public Space: Hannah Arendt, the Liberal Tradition, and Jürgen Habermas**")과 낸시 프레이저의「**공공권의 재고: 기존의 민주주의 비판을 위하여」**("**Rethinking the Public Sphere: A Contribution to the Critique of Actually Existing Democracy**")는 현재의 공공성론이 무엇을 문제 삼고 있는지를 아는 데 유익하다. 또한『공공성의 구조 전환』제2판은「1990년 신판 서문」을 수록하고 있어 하버마스 본인의 입장 변화를 볼 수 있다. 하버마스 사상을 더욱 넓은 맥락에서 이해하기 위해서는 **후지와라 야스노부**(藤原保信) 외 엮음, 『**하버마스와 현대**』(新評論, 1987), **나카오카 나리후미**(中岡成文)의 『**하버마스: 의사소통 행위**』(講談社, 1996)를 참조하라.

임마누엘 칸트의 사상은 정치이론 분야에서도 전혀 퇴색되지 않은 현실성을 여전히 지니고 있다. 『**계몽이란 무엇인가**』(한국어 번역은 「계몽이란 무엇인가에 대한 답변」, 이한구 편역, 『칸트의 역사철학』, 서광사, 1992), 『**영구평화를 위하여**』(정진 옮김, 정음사, 1974)에 제시된 '이성의 공공적 사용'과 비판적 공공성 개념의 의의에 대해서는 이 책에서도 다루고 있는데, 그의 『**판단력 비판**』(이석윤 옮김, 박영사, 2005)은 공공성의 몇 가지 차원(의견 교환, 미적 디스플레이)을 고찰할 때도 빠질 수 없는 텍스트다. **아렌트**가 『**칸트 정치철학 강의**』(김선욱 옮김, 푸른숲, 2002)에서 주목한 것처럼 '반성적 판단력'이 개별적인 것(공약 불가능한 것)을 일반적인 것(공약 가능한 것)으로 환원하지 않고 판단한다는 것은 어떤 의미인가를 이해하기 위한 중요한 개념이다.

리차드 세넷의 ***The Fall of Public Man***(한국어판은 김영일 옮김, 『현대의 침몰: 현대 자본주의의 해부』, 일월서각, 1982)도 기본적인 문헌 가운데 하나일 것이다. 그의 공공성 모델은 이질적인 것이 서로 교섭하는 혼성적(hybrid)인 도시공간인데, 이 작품은 공공성이 '친밀권의 전제(專制)'에 의해 붕괴되고, '비개인적인 것'에 대한 관심이 '개인적인 것'에 대한 관심에 의해 압도되어가는 현실에 주의를 환기하고 있다. 친밀권에 대한 서술은 다소 평이하지만, 사람들의 관점과 경험이 지역적인 것에 매어 있다는 사실이, 그것을 넘어선 차원의 '현실적 전제정치'를 추인하는 효과를 가져온다는, 대단히 중요한 문제를 제기하고 있다. 덧붙여 말하면 거대도시의 생활공간이 최근 분리되기 시작한 것에 대한 언급은 **마이크 데이비스**

의 *City of Quartz : Excavating the Future in Los Angeles*(New York : Vintage Books, 1992)이나 **사카이 다카시**(酒井隆史)의 「**'Security'의 상승 : 현대 도시에서의 '격리' 양상**」(『현대사상』 27권 11호, 1991년 11월)을 읽어보기 바란다.

말할 것도 없지만 페미니즘(이론)의 성과를 바탕으로 하지 않고 공공권/친밀권을 말할 수는 없다. 여기서는 정치이론의 영역에서 뛰어난 성과를 거두고 있는 다음 세 사람의 작품을 소개해두고자 한다. **아이리스 영**(**Iris Marion Young**)의 *Justice and the Politics of Difference*(Princeton, N. J. : Princeton University Press, 1990), *Intersecting Voices : Dilemmas of Gender, Political Philosophy, and Policy*(Princeton, N. J. : Princeton University Press, 1997). 두 번째 책에서는 사르트르의 「세리」에서 착상한 사회집단 개념, 대칭적이 아닌 상호성, 가정에 대한 양의적 인식 등이 제기되어 있어 얻을 것이 많다. **낸시 프레이저**의 *Unruly Practices : Power, Discourse, and Gender in Contemporary Social Theory*(Minneapolis : University of Minnesota Press, 1989)와 *Justice Interruptus : Critical Reflections on the "Postsocialist" Condition*(New York : Routledge, 1997). 전자에는 이 책에서도 다룬 '욕구를 둘러싼 투쟁', 후자에는 '분배의 정치'의 중요성에 대한 재인식을 촉구한 논문, 남-여 사이에 돌봄의 평등화가 필요함을 논한 논문이 포함되어 있다. **보니 호니그**(**Bonnie Honig**)의 「**차이, 딜레마, 가정의 정치**」(오카노 야요[岡野八代] 옮김, 『사상』 886호, 1998년 4월), 및 그녀가 편집한 *Feminist Interpretations of Hannah Arendt*(University Park, Pa. : Pennsylvania State University Press, 1995). 호니그는 '아곤 정치'(기존 규범을 착란시키는 실행적 행위)에 대해 이채로운 논의를 전개하고 있다.

이 책에서는 미디어 공간의 공공성에 대해서는 거의 다루지 못했다. 대

중매체의 공공성에 대해서는 **하나다 다쓰로(花田達朗)**의『**미디어와 공공권의 정치학**』(東京大學出版會, 1999)이 견고하게 연구했고, **아베 기요시(阿部潔)**의『**공공권과 의사소통: 비판적 연구의 새로운 지평**』(ミネルヴァ書房, 1998)도 다소 도식적이지만 하버마스의 공공성 개념과 그에 대한 비판을 미디어/의사소통 연구의 문맥에서 살펴보고 있다. 전자 미디어의 공공권은 요즘 특히 흥미를 끄는 주제이다. 내가 주목하고 있는 점은 두 개다. 하나는 전자 미디어는 제약 없는 보편적 담론의 공간(마셜 맥루한이 말하는 지구촌)을 초래할까 하는 것, 다른 하나는 사이버 공간은 '가면'과 '가면' 사이의 대화를 가능하게 하는데 그것은 우리에게 어떤 경험을 하게 하는가이다. 첫 번째에 관해서 **오사와 마사치(大澤眞幸)**의「**전자 미디어의 공동체**」(요시미 슌 야[吉見俊哉] 외,『미디어 공간의 변형과 다문화사회』, 靑弓社, 1999)는 전자 미디어가 맥루한이 예견한 방향이 아니라 "분산적이고 배타적인 공동성", 나아가 "극한적인 직접성"이라는 방향으로 사회를 끌고 가고 있다는 진단을 내린다. 대화 공간의 '분리'(segregation)는 인터넷에서도 일어나고 있다는 시각이다. 두 번째에 관해서는 **나리타 야스아키(成田康昭)**의『**미디어 공간문화론: 다양한 나와의 조우**』(有信堂, 1997)가 참고가 된다. 나리타는 전자 미디어가 "주체를 통합의 요청으로부터 벗어나게 하여 주체의 단일성이라는 사회적 주박으로부터 벗어날 여지를 만들어내는" 기능을 가지고 있다고 평가하면서, 한편으로는 인터넷의 '가상적 자아'가 모든 제약을 벗어날 수 있다고 하는 환상을 경계하고 있다. 문제는 '다양한 나'에게 도대체 어떤 '사이'가 성립하는가에 있다. 만약 처음부터 그런 '사이'의 성립이 회피되고 있다면 '다양한 나'는 이 책에서 서술한 '주체의 복수성'과는 상당히 다르다.

일본의 사회보장 시스템에 대해서도 이 책에서는 거의 다루지 못했다. 이 문제에 대해서는 연구가 축적되어 있기도 하고 읽어야 할 문헌도 많지만, 오사와 마리(大澤眞理)의 『기업 중심 사회를 넘어: 현대 일본을 '젠더'로 읽는다』(時事通信社, 1993), 후지무라 마사유키(藤村正之)의 『복지국가의 재편성: '분권화'와 '민영화'를 둘러싼 일본적 동향』(東京大學出版會, 1999), 진노 나오히코(神野直彦) · 가네코 마사루(金子勝) 엮음, 『'복지정부'에 대한 제언: 사회보장의 신체계를 구상한다』(岩波書店, 1999)를 거론하고자 한다. 오사와는 일본의 사회보장이 '가족에의 위임' '남성본위' '대기업 본위'로 특징지어지는 이유를 명확히 제시하고, 후지와라는 1980년대 이후의 사회보장 시스템이 어떻게 재편되어왔는지를 조금도 단순화시키지 않고 고찰하고 있다. 진노 등의 책에는 정부에 의한 '개혁'이 재정수지를 맞추는 데 시종하고 있고 체계성을 결여한 짜깁기에 불과하다고 비판하면서, 연금 · 돌봄 · 의료 · 고용 등 각 사회보험과 공적 생활부조에 대해 재정적인 뒷받침을 하는 개혁을 대담하게 제안하고 있다. 왜 우리는 강제적인 사회연대 시스템을 유지 · 강화해야 하는가 하는 물음을 충분히 검토하고 있다고는 말할 수 없지만('협력원리'의 제창으로 끝나고 있다) 사회보장의 장래를 생각하는 데 아주 유익하다. 이 책에서 다룬 새로운 통치 양식에 대해서는 시부야 노조무(澁谷望)의 「'참가'의 봉쇄: 신자유주의와 주체화하는 권력」(『현대사상』 27권 5호, 1999년 5월)이 잘 정리하고 있다. 일본에서 최근 통치 형태가 변화된 것을 적확하게 분석한 것은 아쉽게도 아직 나타나고 있지 않다.

공공성은 물론, 공공사업이나 정보 공개도 구체적으로 되물어야 하는 주제이다. 공공사업에 대해서는 이가라시 다카요시(五十嵐敬喜) · 오가와 아키오(小川明雄)의 『공공사업을 어떻게 할 것인가』(岩波新書, 1997)가 그 문제점을 간결하게 제시하고 있다. 가장 중요한 문제 가운데 하나가 국회의 실질적 심의를 건너뛰는 방식으로 공공사업이 책정되고 있는 의사결정 과정 자체에 있음을 지적하고 있다. 정보 공개에 대해서는 '정보공개법'

제정(1999) 이전의 것이긴 하지만 **마쓰이 시게노리(松井茂記)**의 **『정보공개법』**(岩波新書, 1996)을, 공개성에 대한 요구도가 높다는 점에서 추천하고자 한다.

일본역사 · 일본사상사 연구에서 공(公) 내지 공공성 개념이 어떻게 이야기되어왔는가에 대해 좁은 지식이지만 소개해두기로 한다. **미조구치 유조(溝口雄三)**의 **『공과 사』(公私)**(三省堂, 1996)는 일본의 '공' 개념과 중국의 그것을 대비하면서 중국의 '공'은 국가권력의 정당성도 비판할 수 있는 원리적인 의미('원리로서의 공')를 가짐에 비해, 일본의 '공'은 보다 상위의 '공' 앞에서는 '사'로 전화되는 상대적인 영역의 관념('영역으로서의 공')으로서 최상위의 '공'을 비판할 수 있는 비판적 심급을 결여한다고 말한다. 중국에서는 '사를 포함하고 사를 공동에 연결하는 공'이라는 개념이 성립함에 비해 일본에는 그러한 수평적인 '연결의 공'을 보여주는 용례는 없다고도 말한다. 일본 사회의 '공'이 몰원리적인 것이고 천황을 정점으로 하는 수직적 위계구조를 가진다는 부정적인 평가는 **야스나가 도시노부(安永壽延)**의 **『일본에서의 '공'과 '사'』**(日本經濟出版社, 1976)와 **다하라 쓰구오(田原嗣郎)**의 「**일본의 '공 · 사'**」(『문학』 56호, 1988년 9월 10일)에서도 기본적으로 마찬가지다. 야스나가는 공공성이란 "시민들이 스스로 설정한 일종의 공동규범의 영역"이라는 관점에서 일본에서는 시민적 공공성이 부족하다고 비판한다. 또한 다하라도 일본 사회에서 '공동체의 적층' 구조가 '공'의 수직적 계층성을 설명해준다고 한다. 일본의 '공' 관념은 오로지 국가나 공권력과 연결되어 있다는 이러한 시각이 있는 한편, 적어도 다음 두 시기에는 공권력의 '공', 관(官)으로서의 '공'과는 다른 공공성(사람들 사이에 형성되는 공공성)이 나타났다고 하는 시각도 유력하다. 하나는 무로마치 시대(室町時代, 1392~1573)부터 센고쿠 시대(戰國時代, 1493~1573)에 걸친 시기이고, 또 하나는 막부 말기부터 메이지 중반에 이르는 시기이

다. 중세 후기에 대해서는 **아미노 요시히코(網野善彦)**의『**증보 무연(無緣)·**
공계(公界)·낙(樂): 일본 중세의 자치와 평화』(平凡社ライブラリー, 1996)와
가쓰마타 시즈오(勝俁鎭夫)의「**총촌(惣村)과 총소(惣所)**」(『아사히 백과 일본의
역사』 별책 13, 1994)는 '무주(無主)·무연(無緣)'(有主·有緣 세계로부터의
일종의 도피[asylum] 공간) 및/혹은 '공계'(합의에 의한, 의사 형성·결정의 공
간)라는 수평적 차원으로 형성된 공공성을 묘사하고 있다(특히 가쓰마타는
'공계'에서 공정·평등의 원리도 찾아낸다). 막부 말기부터 메이지 전반기에
대해서는 **마루야마 마사오(丸山眞男)**에 의한, 메이로쿠샤(明六社) 등의 문
예적 공공권이 가진 가능성에 대한 주목은 잘 알려져 있는데(「**개국**」,『**마루**
야마 마사오집』 제8권, 岩波書店, 1996), 그 외에 페리 내항 이후 호농(豪
農)·호상(豪商)과 재촌 지식인 사이에 활발했던 정치 정보의 수집·교환
네트워크를 고찰한 **미야치 마사토(宮地正人)**의「**풍설류(風說留)로 본 막부**
말기 사회의 특질: '공론' 세계의 단서적 성립」(『사상』 831호, 1993년 9월), 막
부 말기부터 메이지 중반의 '강호'(江湖)(독서하고 논의하는 공중이 형성하
는 담론 공간)에 열려 있던 공공성의 잠재성을 탐구하는 **히가시지마 마고토**
(東島誠)의「**메이지 시대 강호의 부상**」(『공공권의 역사적 창조: 강호의 사상으
로』, 東京大學出版會, 2000), 두 명의 사상가, 즉 사견을 넘어선 공공적 시점
을 형성하는 장으로서 '토론'을 중시했던 요코이 쇼난(橫井小楠)과 민중
에 의한 '토론'을 기피하고 천황에 의한 온정주의적 인정(仁政)을 주장한
모토다 나가자네(元田永孚)를 대조한 **가루베 다다시(苅部直)**의「**'이욕(利**
欲)세계'와 '공공지정'(公共之政): 요코이 쇼난·모토다 나가자네」(『국가학회
잡지』 104권 1·2호, 1991) 등의 논문이 있다. 야스나가, 히가시지마, 가루
베 등도 말하듯이 이 시기에는 나카에 조민(中江兆民)의 사상과 행동이 공
공성론의 한 초점이 될 터이다. 조민에 대해서는 **미야무라 하루오(宮村治**
雄)의『**개국 경험의 사상사: 조민과 시대정신**』(東京大學出版會, 1996) 등 뛰

어난 연구 축적이 있다.

덧붙일 지면도 얼마 남지 않았지만, 공공성을 주제로 한 최근의 주된 일본어 문헌을 마지막으로 열거하고자 한다. 하나자키 고헤이(花崎皋平)의 『정체성과 공생의 철학』(筑摩書房, 1993), 하나다 다쓰로의『공공권이라는 이름의 사회공간: 공공권 · 미디어 · 시민사회』(木鐸社, 1996), 시라카와 마스미(白川眞澄)의『탈국가의 정치학: 시민적 공공성과 자치연방제의 구상』(사회평론사, 1997), 알베르토 메루치(Alberto Melucci)의 *Nomads of the Present: Social Movements and Individual Needs in Contemporary Society*(London: Hutchinson Radius, 1989), 야마와키 나오시(山脇直司) 외 엮음, 『현대 일본의 공공철학』(新世社, 1998), 마미야 요스케(間宮陽介)의『동시대론: 시장주의와 내셔널리즘을 넘어서』(岩波書店, 1999), 가토 노리히로(加藤典洋)의『일본의 무사상』(平凡社新書, 1999), 후지와라 야스노부의『공공성의 재구축을 향해: 사상사적 시각에서』(이와나미 강좌 사회과학의 방법 제2권 『20세기 사회과학의 패러다임』, 1993), 다니 다카오(谷喬夫)의 「공공성」(시라토리 레이[白鳥令] · 사토 세이시[佐藤正志] 엮음, 『현대정치사상』, 東海大學出版會, 1993), 마이클 샌들(Michael J. Sandel)의 「공공철학을 찾아서: 미완의 민주주의」(나카노 다카미쓰[中野剛充] 옮김, 『사상』903호, 1999년 10월), 사토 마나부(佐藤學)의 「공공권의 정치학: 양차대전 기간의 듀이」(『사상』907호, 2000년 1월), 다카키 히데아키(田崎英明)의 「공공권」(『현대사상의 키워드』, 『현대사상』28권 3호, 2000년 2월).

다양하게, 아니 너무나도 산만하게 회자되고 있는 요즘의 공공성 담론을
정리하는 조감도를 이 책이 제공할 수 있었던 게 아닐까 한다. 이 책을 씀
으로써 나 스스로도 최근 5, 6년 동안 공공성에 대해 생각해온 것을 일단
정리할 수 있었다. 다소 개인사 같아서 낯 뜨겁지만, 나 역시 익숙해져왔
던 개체와 공동체라는 문제 설정에 대해 비판적인 거리를 취하는 데 '공
공성'이라는 개념은 큰 역할을 했다. 사람들 '사이', 사람들의 '복수성'을
어떤 동일성으로 환원하지 않고 인식하는 것은 '공동체' 혹은 그와 유사
한 개념을 가지고는 거의 불가능하다. 최근 내 나름대로 시도해온 것은 공
동체-동일성을 대신하는 공공성-복수성이라는 개념 장치를 의식적으로
사용해보는 것이었다. '나'라는 내적 공간을 '동일성'(identity)를 통해서
가 아니라 '복수성'을 통해서 이해하고자 한 것도 그러한 시도의 하나이
다. 공공성-복수성이라는 시각은 주로 아렌트로부터 빌려온 것이다(이
책에서도 어느 정도 그 요점을 다루었다고 생각하지만, 반드시 아렌트의 저작을
직접 읽어주기 바란다). 공공성-복수성이라는 시각이 우리의 관계성을 리
얼하게 파악하는 데 어느 정도 유효한가 혹은 어디에 한계가 있는가에 대

해서는 독자의 판단을 기다리고자 한다.

이 책을 씀으로써 지금까지 내 자신이 소홀히 해왔던 몇 가지 문제가 가진 중요성도 새삼 확인할 수 있었다. 예를 들면 고독이라는 문제, 사회적 연대라는 (눈에 보이지 않는) 자원의 문제, 감정의 정치라는 문제 등이다. 거친 논의라고 느낄지도 모르겠지만, 그것은 시간이나 지면의 제약 때문이라기보다 깊게 들어가 논할 수 있을 만큼의 준비가 충분하지 않았기 때문이다. 공공성을 둘러싼 문제에 관해 개략적인 지도는 그릴 수 있었지만, 지금부터 붙잡고 씨름해야 할 과제도 적지 않다. 될 수 있으면 공공성이라는 물음에 걸맞게 이론과 현실이 접합하는 장면에 더욱 굳건히 발을 딛고 사고를 진전시켜나가고자 한다. 이론의 공간과 행위의 공간 사이를 왕복하는 스타일을 익히기는 힘들다 할지라도……

작은 책이지만 이미 돌아가신 분들을 포함해 많은 분들의 은혜를 입었다. 한 사람 한 사람 이름을 적지는 못하지만, 심심한 감사를 전하고자 한다. 내가 받은 격려와 지원에 대해 이 책이 조금이나마 보답이 되었으면 하고 바란다. 편집자 사카모토(坂本) 씨로부터는 시리즈 기획 단계부터 시종 마음 든든한 격려를 받았다. 마음으로부터 감사의 인사를 드린다. 편집진의 한 사람으로서 이 시리즈의 책들이 조금이라도 더 많은 사람들에게 읽혔으면 좋겠다.

2000년 3월

사이토 준이치

이 책은 일본의 이와나미쇼텡(岩波書店)에서 발간하는 '사고의 프런티어' 시리즈 가운데 하나로서, 사이토 준이치(齋藤純一)의 『공공성』(公共性, 2000)을 완역한 것이다.

한국에서도 이미 몇 권이 번역된 이 시리즈는 현재 일본에서 가장 중요하다고 판단되는 개념과 이론을 다시 검토함으로써 세계적 변화에 사상적으로 대처하고자 하는 시도로서, 강상중(姜尙中)·다카하시 데쓰야(高橋哲哉)를 비롯해, 스기타 아쓰시(杉田敦) 및 이 책을 쓴 사이토 준이치 등이 1차분의 책임편집을, 이치노카와 야스타카(市野川容孝)·고모리 요이치(小森陽一)·모리나카 다카아키(守中高明)·요네타니 마사후미(米谷匡史) 등이 2차분의 책임편집을 맡아 전체 27권(책임편집인들의 대담집 2권은 제외)을 발간하였다. 1999년 10월 『아이덴티티/타자성』, 『시장』, 『정의』에서 시작하여 2007년 6월 『난민』의 발간으로 일단락을 지은 이 시리즈의 제목을 나열하는 것만으로도 일본 신좌파(New Left) 지식인들의 관심사를 일별할 수 있을 것이다.

아이덴티티/타자성, 시장, 정의, 탈구축, 신체/생명, 기억/이야기, 데모

크라시, 공공성, 권력, 컬추럴 스터디즈, 젠더/섹슈얼리티, 페미니즘, 역사/수정주의, 포스트콜로니얼, 내셔널리즘, 환경, 리조널리즘, 정신분석, 퀴어 스터디즈, 교육, 자본, 법, 자유, 폭력, 인종주의, 사회, 아시아/일본, 난민.

일본 사상계를 대표하는 출판사이면서도 '교양주의적 좌파'에 불과하다는 비판을 받고 있는 '이와나미'인 만큼 실천적 의미보다 지적 호기심을 앞세우는 것이 상례였다면, 이 시리즈에서만큼은 체제에 대한 저항이라는 실천적 급진성이, 지식의 최전선에 선다는 사고의 급진성을 곧바로 의미한다. 일종의 '기표를 둘러싼 투쟁'(바르트)이라고나 할까. 이 말은 담론의 바깥은 없다든가 하는 기호론적 전회를 의미하는 것은 아니다. 그것은 사고의 급진성을 보증하는 것이 현실임을 말하는 것이다. 아카데미(제도) 내부로 흡수되어 보수화(역승화)되고 있는 이론들에 다시 현실의 빛을 비춤으로써 저항 도구로서의 기능을 회복시키는 작업과 더불어, 국가 및 시장에 의해 정의·해석되어 지배의 도구로 기능하고 있는 개념을 탈구축하는 작업이 이 시리즈를 통해 이루어지고 있다. 그 가운데 가장 첨예한 담론 투쟁의 장이 되어 있는 것 가운데 하나가 '공공성'이다.

1990년대 중반 버블 붕괴 이후 일본에서는 신자유주의화와 더불어 그에 대응하는 형태로 민족주의적이고 공동체주의적인 담론이 급격하게 확산된다. 우리가 흔히 일본의 우경화라고 부르는 사태가 그것을 지칭한다. 신자유주의화와 민족주의화라는 서로 모순되는 두 흐름이 동시에 진행되었던 것이다. 이것은 비단 일본의 경우만이 아니라, IMF 사태 이후의 한국에서도 그와 마찬가지 흐름이 존재하는데, 저자는 공공성을 후퇴시키는 신자유주의적 흐름에 저항하면서 동시에 공공성을 횡령하려는 공동체주의적·민족주의적 공공성 담론과 투쟁하고 있다.

신자유주의 하에서 효율성과 경쟁, 자기 책임의 강조가 사회국가의 이념을 약화시키고 개인을 타자로부터 고립시켜 무한 경쟁의 장에 밀어 넣었다. 개인 삶의 안정성을 책임지는 범위가 점점 축소되어, 다소 과장하면 자기 삶의 안전은 오로지 자신만이 보장할 수 있게 되었다. 공공성이 후퇴하는 현상은 세계적인 현상이라고 할 수 있는데, 공공성이 후퇴함에 비례하여 빈부 격차는 더욱 확대되고, 저자가 지적하듯이 사회보장(social security)에 대한 관심의 쇠퇴와 반비례하여 치안보장(public security)에 대한 관심이 커진다. 국민은 두 종류의 개인, 즉 생산적인 부문과 복지에 의존하는 비생산적인 부문으로 나뉘고, 그와 비슷하게 도시 공간도 분리된다. 공공의 문제를 대화와 합의에 의해 처리하려는 정치는 비효율적인 것으로 치부되고 사회의 각 부분에 시장의 효율성 논리가 침투한다.

그러나 반면에 인간은 효율성의 논리만으로 살아갈 수 없다. 개인의 삶이 불안하면 불안할수록 구체적인 타자가 아닌 추상적인 대타자를 요구하지 않을 수 없다. 신자유주의 하에서 민족주의라는 옛 노래가 리바이벌되는 것은 그 때문이다. 또한 타자의 삶에 대한 무관심과 냉소는 거꾸로 자기 가족에 대한 과도한 관심과 더불어 연예인의 삶(스펙터클)에 대한 과도한 관심을 낳는다. 이러한 민족주의와 스펙터클이 결합할 때 폭발력을 갖는다. 국가를 대표하는 스포츠 스타에 대한 열광은 이것을 잘 보여준다. 그러나 민족주의와 가족과 연예인의 삶에 대한 관심은 공리주의적 효율성의 논리에 못지않게 타자에 대한 무관심과 자기애에 근거하고 있다는 점에서 공통적이다. 공공성의 후퇴를 가져오는 타자에 대한 무관심이 그에 대한 반동으로 타자에 대한 추상적인 관심으로 전화되는 것이 앞에서 말한 세 가지에 대한 지나친 관심이라고 할 수 있다.

공공성을 회복하면서도 인간의 개별성을 어떻게 보장하는가 하는 질문은 저자로 하여금 공공성을 인간의 복수성에 근거 짓는 아렌트의 이론을 원용하게 하였는데, 이러한 질문은 새로운 정권 하에서 더욱더 공공성의 후퇴를 경험하고 있는 지금의 우리에게도 소중하다. 우리 옮긴이들은 이 책을 같이 읽고 번역하면서 저자가 한국 사회를 분석하고 있다는 착각에 빠지기도 할 정도였다. 공공성을 회복한다는 것은 사회적 안전망이나 복지제도를 확립하는 것과 동일시할 수 없다. 오히려 구체적인 타자에 대한 관심을 회복하는 것, 타자의 목소리에 귀를 기울이는 것이 공공성 구축의 첫걸음이다.

이 책의 한국어판 번역은 윤대석·류수연·윤미란의 공동 작업이다. 셋 모두 한국 근대문학이 전공이기에 사회철학의 연구 영역인 공공성 담론과는 거리가 멀다. 사실 이 책은 역사학에서 쟁점이 되고 있는 식민지 공공성을 이해하고 그 연장선상에 있는 식민지 문학의 공공성을 해명하기 위한 보조선으로서, 우리가 채택한 세미나 교재였다. 옮긴이들의 착각인지 모르나, 예술의 하나(공약 불가능)이면서도 소통을 목적(공공성)으로 한 문학이야말로 이 책이 말하고 있는 공공성에 가장 적합하다는 판단이 번역 작업을 부추겼다(아렌트도 말년에는 칸트의 판단력 비판에 주목했다).

번역 작업은 류수연과 윤미란의 초역을 바탕으로 단어와 문장을 하나하나 세미나에서 검토하는 방식으로 이루어졌다. 어느 부분이 누구의 번역인지 밝히는 것이 아무런 의미가 없을 정도로 긴밀하게 논의하여 용어나 문체가 일관되도록 하였다. '공로는 1/3씩, 책임은 3배로'가 우리의 모토였다. 저자와의 연락은 윤미란이, 출판사와의 교섭은 윤대석이 담당했다.

마지막으로 이 책이 나오는 데 도움을 주신 분들께 감사의 인사를 드리지 않을 수 없다. 번역을 허락하시고 한국어판 서문을 써주신 사이토 선생님께 감사의 인사를 드린다. 이 책을 계기로 양국의 지식인들이 각 사회의 공공성에 대해 서로 이야기할 수 있게 되었으면 하는 바람은 사이토 선생님의 소망일 뿐만 아니라 우리 옮긴이들의 소망이기도 하다. 또한 옮긴이 세 명이 모일 수 있도록 해주었고, 옮긴이 가운데 하나인 윤미란에게 일본

와세다대학에서 1년 간 공부할 수 있도록 배려해준 인하대학교 대학원 한국학과에 감사드린다. 또한 출판을 승낙해주신 윤병무 사장님을 비롯한 도서출판 이음 동인들에게도 고개 숙여 고마움을 표한다. 고맙습니다.

2009년 4월 2일

옮긴이 일동